多肉植物＆コーデックス

GuideBook

主婦の友社

はじめに	6
本書の使い方	8

自生地に見る原種たちの姿 … 9

栽培の基本 … 19

置き場	20
水やり	22
夏越し・冬越し／害虫	24
植えかえ	26
鉢	28
培養土・肥料	30
ふやし方	32
栽培カレンダー	34

育て方図鑑 … 35

アガベ	36
アストロフィツム	40
アデニア	42
アデニウム	46
アボニア	48
アロエ	50
アローディア	54
イポメア	55
ウェルウィッチア	56
ウンカリーナ	57
エケベリア	58
オトンナ	60
オペルクリカリア	62

ガステリア	66
カランコエ	68
キフォステンマ	69
ケープバルブ	71
ケラリア	76
コピアポア	78
コミフォラ	80
サルコカウロン	86
サンセベリア	88
スタペリア	89
セダム	90
センナ	91
サイカス／ソテツ類	92
チレコドン	96
ディオスコレア／亀甲竜	98
デロニクス	100
デンドロシキオス	102
ドルステニア	103
バオバブ	105
ハオルチア	106
パキポディウム	110

「現地球が発根するまで」 ……… 116
サボテンオークション日本 栗原東五氏インタビュー

フィカス	121
ヒドノフィツム「蟻の巣玉」	122
フィランサス／フィルミアナ	124
フィロボルス	125
フォークイエリア	126
フォッケア	128
ブラキステルマ	130
ブルセラ	132
ベイセリア	133
ペラルゴニウム	134
ボスウェリア	136
メストクレマ	137
玉物メセン(リトープス／コノフィツム ほか)	138
モナデニウム	143
ヤトロファ	144
ユーフォルビア	145
ラフィオナクメ	153

ナーセリー直売・TOKYOイベント情報 …… 154
- サボテン・多肉植物ビッグバザール ……… 154
- 石井プランツナーセリー ………………… 155
- サボテンオークション日本 ……………… 156
- グランカクタス …………………………… 157

OSAKAイベント情報 …………………… 158
- ワイルドウッド …………………………… 158
- ボーダーブレーク ………………………… 159

塊根マニアの本音 ………………………… 160

珍奇植物 情報索引 ………………………… 165

はじめに

コーデックスとは根や茎が塊状になる特徴的な形をとらえ、塊根植物・塊茎植物と呼ばれるものの総称です。

コーデックスも多肉植物の一種ですが、分類上は、トケイソウ科、キョウチクトウ科、ウルシ科、マメ科などの多くの「属」にまたがっているため、植物分類学のうえでの区別は存在せず、その形状の特徴をもってコーデックスと呼びます。

多肉植物類は、その肥大した部分に水分や養分を蓄え、乾燥した厳しい環境に自生しています。生長期には葉をつけますが、休眠期にも塊根の表皮の下で光合成を続けます。その中には「貯水細胞」をもち、「体積当たりの表面積を減らす」ことで、内部の水分を保つことのできる形状に進化しました。

コーデックスの多くは、アフリカ南部やマダガスカルなどの乾燥地帯が原産地。日本からは想像できない気候環境に育つ種ですが、大きくふくらんだ塊根、塊茎は、年間に数ミリという単位でしか生長せず、表皮に刻まれた個体の表情は、そのずんぐりとした形状とともに独特の存在感をもちます。

日本国内でも栽培される種も多く、実生からの株も流通しています。しかし、一方では自生地での個体数が激減し、国際的に「希少動植物」に指定されている貴重なものもあります。

それぞれの特徴を理解し、本書の栽培情報を役立ててください。

理学博士、専門は植物生態学
立教大学　ICU講師
多田多恵子
（ただたえこ）

アデニア　グラウカ
Adenia glauca
生長期には、大きな葉をつけ、つるを伸ばす。塊茎部の中は白く、しっかりとした**貯水細胞**の組織。

エケベリア
Echeveria
ベンケイソウ科の植物は、昼は気孔を閉じ、水分蒸散を防ぎながら光合成を行う。夜に気孔を開き、二酸化炭素を取り込み、リンゴ酸の形で細胞に蓄える。サボテン科とともに乾燥地に適応した独特の仕組みで「**CAM植物**」と呼ばれる。

パキポディウム グラキリウス
Pachypodium gracilius
かたい表皮の内側には、緑色の光合成をする組織がある。やわらかな**貯水細胞**はしっとりと湿っている。

オペルクリカリア パキプス
Operculicarya pachypus
木本性の塊茎は、針葉樹などよりもかたく、細かな組織でできている。この繊維は、**水分を含む機能はほとんどない**。むしろ、枝や葉などに蒸散を極限まで減らす機能を有しているのだと考えられる。写真は、直径9cmで樹齢は35〜40年ほど。

本書の使い方

属／品種名
分類表記は、流通の名称も含め、アイウエオ順。カタカナ、学名の表記には統一性はない。なお、学名上の亜種、変種、交配種などの表記については省略している。

品種解説
属や主流の科目、主流の品種などについて、学名の由来や原産地、性質、栽培のポイントなどを解説。

Data
分類、原産地、生長期、根、育成難易度、生長速度などを表示。種によって差があるため、あくまでも属の相対的な情報である。

写真品種解説
掲載した植物の学名、特徴を簡単に解説。一般に流通する「普及種」や、入手困難な「希少種」である場合もある。

栽培カレンダー
一年を通した生長サイクル（生育や休眠の時期）、置き場所や水やり、肥料、作業のポイントを紹介。栽培環境は、温室やベランダ、庭先や室内では、どれも違いがあり、種によっても、個体によっても差がある。栽培において、「関東中間地基準」で表記しているが、気候変化を考慮して、判断の参考に。

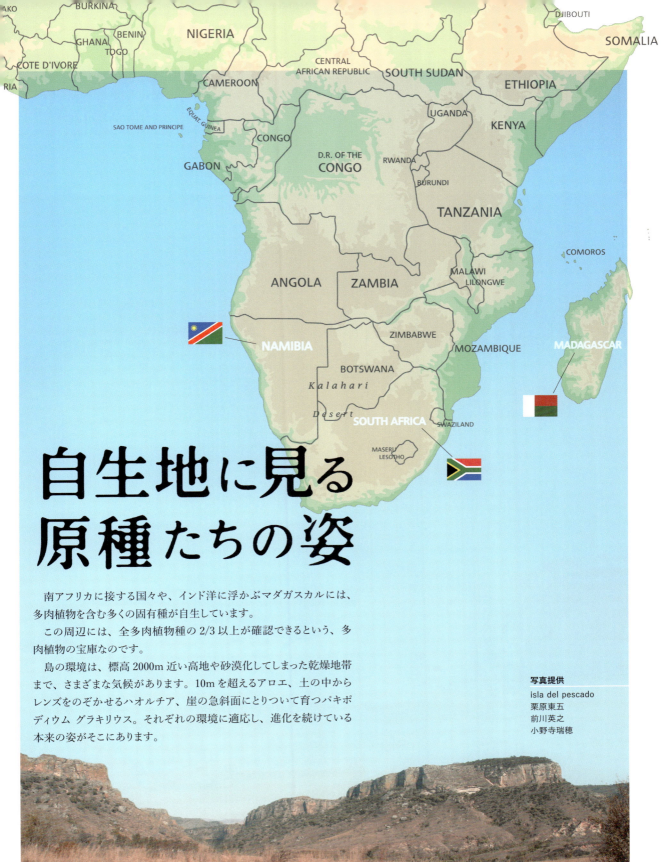

自生地に見る
原種たちの姿

　南アフリカに接する国々や、インド洋に浮かぶマダガスカルには、多肉植物を含む多くの固有種が自生しています。
　この周辺には、全多肉植物種の 2/3 以上が確認できるという、多肉植物の宝庫なのです。
　島の環境は、標高 2000m 近い高地や砂漠化してしまった乾燥地帯まで、さまざまな気候があります。10m を超えるアロエ、土の中からレンズをのぞかせるハオルチア、崖の急斜面にとりついて育つパキポディウム グラキリウス。それぞれの環境に適応し、進化を続けている本来の姿がそこにあります。

写真提供

isla del pescado
栗原東五
前川英之
小野寺瑞穂

Republic of South Africa

南アフリカ共和国

アフリカ大陸の最南端にあって、太陽の国といわれるほど晴天日が多く気候は温暖。

背が高い樹木がほとんどないため、目を引くのがこのアロエ ディコトマ（*Aloe dichotomum*）。大きなものは樹高が10m近くになる。黄色の花は7月ごろに咲く。アロエ属の170種ほどがこの国にはある。

アロエ ディコトマ
Aloe dichotomum

アロエ アルボレッセンス
Aloe arborescens

アロエ スペシオーサ
Aloe speciosa

アロエ マルロシー
Aloe marlothii

Aloe アロエ

アフリカに自生するアロエは200種以上もあり、その多くの種が冬から春に花を咲かせる。大型のものは10mを超え、丘陵地に点在する。日本のキダチアロエ同様、アフリカでも薬効がある有用植物として知られている。

Cape bulb ケープバルブ

「ケープ」は南アフリカの州名で、この周辺地域原産の球根植物の総称。風にあおられてつくられる、表情豊かな葉の形が魅力。

Mesembryanthemum メセン

ハマミズナ科の植物全体を総称して「メセン（女仙）類」と呼ぶ。120以上の属があり、大半が南アフリカに自生している。

アルギロデルマ デラエティー
Argyroderma delaetii

アルギロデルマ
Argyroderma

オオフィツム ナヌム
Oophytum nanum

メセン不明種

ダクチロプシス ディギタータ
Dactylopsis digitata

ドロサンテマム
Drosanthemum

Haworthia ハオルチア

アロエに近い単子葉植物の一群で、南アフリカからナミビア南部にかけては約100種が知られる。種の分類は、いまも明確になっていない。

ハオルチア クリスタリナ
Haworthia crystallina, Kleinfontein

ハオルチア ピクタ
Haworhthia picta v. tricolor, Rooiberg Pass

ハオルチア ルーイベルゲンシス（近似種）
Haworthia rooibergensis aff., Bosrivier

種子を散布し終えた花序

雄花序

Namibia
ナミビア

　アフリカ大陸の南西に位置する国で、年間の降雨量は平均400mm程度、国土の大半は砂漠と乾燥した高原。ここには地球上でも特筆すべき大自然が息づいている。世界最古といわれる赤い砂漠「ナミブ砂漠」に適応した植物を見ることができる。そのシンボルともいえるのが、二千年以上も生きるとされる奇妙な植物「ウェルウィッチア ミラビリス」だ。

ウェルウィッチア ミラビリス（奇想天外）　*Welwitschia mirabilis*
世界三大珍奇植物のひとつ、ウェルウィッチア属の裸子植物。ナミブ砂漠やアンゴラに分布していて、和名では「奇想天外」や「砂漠万年青」と名付けられている。砂漠植物とされる他の種とは異なり、塊根などの貯水組織を一切もたず、暑い気候のナミブ砂漠で生育し続けている。

Madagascar マダガスカル

　マダガスカル全土は熱帯に属する島だが、中央にある高原が風を遮るため、島の東部、中央部、西部では気候が大きく異なる。首都のアンタナナリボは、標高約 1300m で、南回帰線付近にあるにもかかわらず冬の間 10 度を下回ることもある。

　島の東部は雨量も多く、西側は乾期と雨期の差が大きく降水量は少ない地域。特に南西部の降水量は少なく、年間 500㎜程度の乾燥地域がある。

パキポディウム ゲアイ
Pachypodium geayi

アダンソニア ルブロスティパ（フニィ）
Adansonia rubrostipa (fony)

ユーフォルビア ミディ（花キリン）
Euphorbia milii

ディディエレア マダガスカリエンシス
Didierea madagascariensis

Baobab バオバブ

この島には6000種以上の植物が確認されており、そのうち約4000種が樹木。その中でも、バオバブはマダガスカルの固有種が6種もある。

16世紀のイタリア人植物学者が、ブー・フブーブ(アラビア語で"種がたくさんあるもの")と呼んだことから来ているという説がある。

正式な学名は、キワタ科の主要属で*Adansonia*=アダンソニア。キワタ科には、パキラ(*Pachira*)、カポック(*Ceiba*)など多数ある。

バオバブ種は、マダガスカルに8種確認されているが、「ディギタータ」はアフリカから導入された種とされ、本島の固有種は6種とされているようだ。

幹の直径は10m以上のものも多く、その樹齢は千年を超えると考えられている。バオバブには年輪が存在せず、中が空洞になっているものが多い。

そんなバオバブを世界に広めたのは、サン=テグジュペリ『星の王子さま』にほかならない。3本の巨大なバオバブが星を破壊する有害な巨木として描かれている。

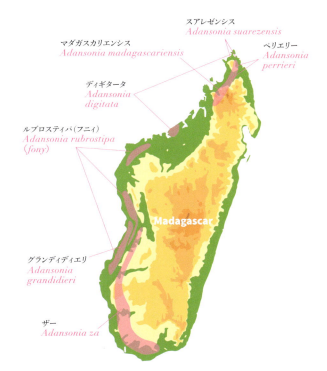

スアレゼンシス *Adansonia suarezensis*
マダガスカリエンシス *Adansonia madagascariensis*
ペリエリー *Adansonia perrieri*
ディギタータ *Adansonia digitata*
ルブロスティパ(フニィ) *Adansonia rubrostipa (fony)*
グランディディエリ *Adansonia grandidieri*
ザー *Adansonia za*

アダンソニア グランディディエリ *Adansonia grandidieri*

アダンソニア ザー *Adansonia za*

空洞になった幹の中は住居になったりもする。

Operculicarya オペルクリカリア

ウルシ科オペルクリカリア属のいくつかが、マダガスカル南西部を原産地とする。パキプス(*pachypus*)やデカリー(*decaryi*)などは、標高の高くない疎林や開けた草原などに自生。岩も多く土は赤い粘土質で、水はけのよい場所ではない。

Pachypodium パキポディウム

マダガスカルには、60種以上のパキポディウムとその仲間が自生しているとされる。それらは、種によって自生する地域が違うため、栽培する環境にも考慮するとよいかもしれない。

パキポディウム ブレビカウレ（恵比寿笑い）
Pachypodium brevicaule
最大80cmにもなる。

パキポディウム デンシフロールム
Pachypodium densiflorum

乾燥した草原地帯に丘陵が続く。パキポディウムは、家畜や動物から逃れるように、斜面の岩場に点在する。

パキポディウム グラキリウス　*Pachypodium gracilius*
パキポディウムの王様とも呼ばれ、自生地での茎を伸ばした姿は、「象牙宮」の和名がふさわしい。

パキポディウム 自生地地図

キョウチクトウ科の多肉植物で、マダガスカルには、30種以上の原種が自生している。

南北に長いマダガスカル、北部は一年を通して高温な地域（亜赤道帯）、南に向かうほど熱帯〜亜熱帯地域になる。北部に自生する種は低温を嫌い耐寒性が非常に低く、南部に自生する種は、北部と比較すれば耐寒性がややあると考えられる。

貿易風の影響で、島の西側は乾燥し、東側は湿潤な地域。この島の多肉植物の自生地は、北部から南部の西側と中央山地となる。

ウィンゾリー
Pachypodium baronii var. *windsorii*

ルーテンベルギアヌム
Pachypodium rutenbergianum

デカリー
Pachypodium decaryi

バロニー
Pachypodium baronii

ロスラーツム
Pachypodium rosulatum ssp. *rosulatum*

ソフィエンセ
Pachypodium soflenseh

イノピナーツム
Pachypodium rosulatum var. *inopinatum*

レウコキサンツム
Pachypodium brevicaule ssp. *leucoxanthum*

ロスラーツム エニグマチクム
Pachypodium rosulatum enigmaticum

ビカラー
Pachypodium rosulatum ssp. *bicolor*

ブレビカウレ
Pachypodium brevicaule

マカイエンセ
Pachypodium makayense

ミケア
Pachypodium mikea

エブルネウム
Pachypodium eburneum

ラメリー
Pachypodium lamerei

デンシフロールム
Pachypodium densiflorum

グラキリウス
Pachypodium gracilius

ホロベンセ
Pachypodium horombense

ゲアイ
Pachypodium geayi

カクチペス
Pachypodium cactipes

参考文献／Pachypodiums in Madagascar Walter Roosli

多肉植物&コーデックス
栽培の基本

置き場

■ 室内では育たない！！置き場から考える

ユニークなフォルムゆえ、つい室内に置いてインテリアの一部として楽しみたくなるコーデックス。

しかし、結論から言えば室内栽培は論外です。

一般的な観葉植物の一種だと思っている方が多くいるのも事実。セレクトショップのような場所で売られているのだから、誤解するのも仕方がないこと。

半日陰のベランダは直射日光ほどではありませんが、開口部や建物からの反射光で、室内よりもはるかに光量は高いのです。

そもそも室内栽培できる「観葉植物」は、密林の半日陰で生育し「耐陰性」がある種類です。コーデックスの多くは、植物もまばらな乾燥地帯に自生しています。日本のような高温多湿の亜熱帯気候とは、大きな差があることを意識しておきましょう。

■ 現地球3年のジンクス

南アフリカやマダガスカルから輸入されるコーデックスを「現地球」と呼びます。現地のナーセリーで栽培されたもの、自生地から採取された「山採り」など、種によってさまざまあります。

しかし、その多くの株が、日本の環境で栽培すると3年目には枯れてしまうというジンクスがあるのです。

コーデックスは、その肥大した茎や根の部分に水分とわずかな養分を蓄えています。日本に輸入され、日照や気温の足りない過酷な環境で栽培されることで、3年目には塊根内部の蓄えを使い切って、新芽を出せずに枯死してしまいます。逆説的に考えれば、室内で栽培しても2年はその姿を維持するということです。つまり、コーデックスは栽培環境の差が個体に見えてくるまでには、1〜2年はかかるということなのです。

いまは元気そうに見えても、光量不足は、確実に株の内部へ影響しています。大切な株が枯れてしまってからでは遅いので、栽培場所の環境を再考してみましょう。

■ いちばん長く日が当たる場所は？

自宅の環境で最適な場所を探してください。直射日光が理想ですが、ベランダの場合は反射光でもOK。さらに、蒸れないように風通しがよく、雨よけがある軒下のような場所であることも大切です。

■ ガラス越しの光は8割減の事実！！

室内栽培をおすすめできない理由は、まず光量が圧倒的に足りないから。どんなに明るい窓辺でも、その光はUV遮光ガラスを通ってきていることが多いので植物にとって必要な光量は届いていません。ガラス温室というのも最近は少なくなっていて、ガラスのように見えてポリカーボネートに変わってきています。それから、室内のような温度変化のとぼしい環境に置いていると成長ホルモンがうまく働かないというのも理由のひとつ。植物に季節の流れを感じさせてあげることが大切です。休眠期も、寒冷地以外ではできるだけ屋外（5度以上の環境）で管理してください。

環境が適しているかどうかは、植物が知らせてくれます。葉が落ちたり、つやがなくなっていたら赤信号。置き場を改めてあげましょう。また、基本的に直射日光を好むものが多いコーデックスですが、中には少し遮光したほうが調子がよい種もあります。その場合は、寒冷紗をかけるか、日中の強い日差しを避けられる場所や、棚の下段や大きな鉢の陰に置くなど工夫が必要です。

LEDライト。植物の光合成に必要な光を補うことができる。

明るい窓辺

南向きで日照時間も長く、植物の生育に足りるように思える場所でも、屋外に比べるとその光量は半分以下。日照不足は、徒長の原因となる。

直射日光のテラス

パキポディウムやアデニウムなどは直射日光を好む。夏場はこのような屋外での管理が理想的。

おしゃれな室内

明るく感じる室内も、屋外に比べると光量は1／10以下。コーデックスは、蓄えた養分によってすぐに枯れることはないが、その影響は徐々にあらわれる。

風が重要

日本の湿度の高い夏は、多肉植物には過酷な環境。風通しの悪い場所は、病気や害虫の要因にもなる。

半日陰のベランダ

ベランダのひさしや手すりの日陰は、"葉やけ"をしやすいものや夏が苦手な冬型、春秋型を管理するのには便利な場所。温室で管理していたものは、購入直後に直射日光に当てると"葉やけ"の原因になるので、日陰を利用するか、寒冷紗を取り付けて光量を調整する。

生長期

生長点が活発に動いている時期には、しっかり水やりを。栽培サイクルの違う種が並んでいる場合、ひとつひとつの生長を観察しながら水を与える。

断水

植物の休眠期に水を与えると、"根腐れ"の原因となる。太い根のものは、休眠期の2〜3カ月を完全に断水する。細い根のものは、1カ月に2〜3回は水を与えて根を枯渇させないほうが、休眠明けがスムーズ。

根の先が傷むと、葉の先が枯れてくる。

水やり

表情を見るのが水やりの基本

多肉植物やコーデックスには、水が必要な時期とそうでない時期があります。それぞれの種が自生地の環境に合わせて、「生育期」と「休眠期」を繰り返すサイクルをもっているのです。気温が下がる時期、酷暑で雨が降らない時期などには、生長をやめて休眠するわけです。少ないなりにも降雨もあって、生長に適した時期には、花をつけてタネを飛ばします。

生育期には、しっかりと水やりしますが、根を傷めないように「やりすぎ」には注意します。そしてサイクルの変わりめを表情から見てとるのが大切です。

休眠期に入ると葉を落としたり、生長が止まります。休眠から目覚めるときには、生長点が色づいたり、新芽が小さな点で見てとれます、季節の変化を発見することが、水やりの基本につながります。

真夏、日中の水やりは厳禁！！

植物の栽培方法を調べると、「朝、夕の2回」、「週に1回」などとよく書かれていますが、頻度を目安にするのは禁物。

ほとんどのコーデックスは乾燥を好むので、用土が中まで完全に乾いてから水やりをします。見た目ではわからないので、竹串や木の棒を土の真ん中あたりにさしておいてチェックする方法がおすすめ。抜いたときに8～9割乾いていたら、水やりのベストタイミング。また、水をやったとき、乾いているときの鉢の重さを覚えておくというのもひとつの手。どちらにしても、鉢ごとに様子を見て判断するのがベストです。

夏場の水やりは時間帯にも注意が必要。高温となる日中にやると、鉢の中でお湯になってしまって根を傷めてしまいます。気温がそれほど高くない早朝か夕方以降にやるよう心がけましょう。

さらに、自生地は高温になる地域といっても夜間には20度前後に下がる場所がほとんど。日本で真夏の熱帯夜が続くような時期は、夕方に株や葉全体にも水をかけて温度を下げてやりましょう。

葉は元気でも、地中の根は傷んでいる場合がある。

塊根の中身は、徐々に変色し、機能を失う。

室内での冬越し

多肉植物&コーデックスの多くが、5度以下は好まない。冬は室内の明るい場所で管理し、暖かな日中は屋外に出すよう心がける。塊根は葉を落として休眠中だが、なるべく明るい場所で管理する。

ベランダでの夏越し

冬型、春秋型のものは、盛夏には生長をやめて休眠する。生長の止まったものには、水やりを控えめにし、根が蒸れないように注意する。

温室

日照と温度の調整が可能な温室は、植物の栽培には有効だが、誰もがもてるものではない。ベランダに置く簡易ビニールハウスは、冬場の日中は温度も上がり、生長に効果がある。しかし、加温、保温機能はないので、温度の下がる夜間には室内へ取り込むことが必要。密閉した場所は、温度が上がると蒸れやすいので注意。

夏越し・冬越し

生長サイクルをしっかり確認！

植物は、自生地の環境に合わせた「生長サイクル」をもっています。

日本の四季の中では、春に新芽を吹いて生長し、秋に落葉し、冬には休眠するものが多いのですが、多肉植物やコーデックスの場合は、そのサイクルはさまざまです。

自生地が同じ国であっても、低地で高温の場所と標高が高く乾燥地帯のものでは、生長サイクルに違いがあります。

本書では、複数の「科」「属」を取り上げていますが、巻末リストに「春秋型」「夏型」「秋冬型」などに、大別しています。

夏型コーデックスの場合は、冬越しがいちばんの難関です。秋になり、気温が急に下がってくると葉が黄色くなり落ちてくるので、水やりの回数と量を減らしていきます。

葉が完全に落ちたら、一部の種を除いては断水してください。断水とは、冬の休眠期に水やりをしないことで、暖かな部屋で水を与えてしまうと、徒長の原因になります。

パキポディウムなどは、鉢の中の細根が枯れないよう月に1回程度与えておくと休眠明けの立ち上がりがスムーズです。

アガベのように太い根のものは、完全に断水してかまいません。

置き場所は、6度以上をキープできる環境なら、日光の当たる屋外のままがおすすめ。休眠期も表皮で光合成をするので、できるだけ日当たりのよい場所で管理します。6度以下になる場合は室内の明るい場所に移動しますが、日中は屋外で光に当ててあげましょう。

休眠明けは、葉が出始めたら少し水やりを再開。注意したいのは、急激に水を与えると根が吸いきれず根腐れを起こしてしまうこと。葉の動きを見ながら、比例するように少しずつ水やりの回数と量をふやしていきましょう。

冬型のものは、夏の高温期に生長をストップするタイプです。冬に強い種だと勘違いしやすいのですが、比較的に低温（5〜20度）で生育するタイプです。

あくまでも日本の四季での冬をイメージするとトラブルの原因。屋外管理で生長中でも、急な寒気には十分注意しましょう。

害虫

パキポディウム、イポメアはハダニに注意

コーデックス栽培で気をつけたい害虫は、主にハダニとカイガラムシです。特に、キョウチクトウ科（ガガイモ科）、トケイソウ科の品種はハダニがつきやすいので、普段から風通しよく管理します。それでもハダニが発生したら、耐性がつかないよう「殺ダニ剤」を定期使用して駆除しましょう。たまに株が薬やけすることがあるので、心配な場合は目立たない場所に薬剤をつけて様子を観察してから使ってください。

カイガラムシの予防にも、まずは風通しが大切です。発生してしまうと駆除が少々やっかい。カイガラムシは表面に粉がついていて、薬剤をかけてもはじいてしまいます。そのため歯ブラシなどでこするか、スプレータイプの薬剤を粉を飛ばすようにしっかり吹きかけて駆除してください。

害虫の卵ができている場合は、駆除したはずが時間差でまた発生します。卵を見つけたら2週間おきくらいに薬剤を使用し、2カ月くらい続けましょう。

植えかえ

環境に慣れるまではじっくり観察！

コーデックスを購入して持ち帰ると好みの鉢に植えかえたくなるものですが、その植えかえはトラブルの原因をつくります。

購入前の環境から、自分の栽培環境に慣らすことがいちばん重要です。初期段階での植えかえは、せっかく安定した根を失うわけで、そこからの発根は、買ったばかりのコーデックスには大きなリスクです。少なくとも、1〜2カ月は待機します。次の休眠明けまではそのままの鉢で環境に慣らしつつ様子を見ましょう。休眠が明けて、葉が展開しはじめたら植えかえてもOK。特に根が細く弱いコミフォラ属は植えかえで枯れてしまうことが多いので、かならず時期を守ってください。

① 根が回ったものは、鉢からはずれにくいので、横からたたいて土を緩める。塊根部分を上にひっぱると根が切れるのでNG。

② 抜けた株の根を観察。パキポディウムの健康な根は白く、傷んでいると茶色になっている。

③ 鉢底部分の根をほぐす。茶色い部分があれば取り除く。

④ 鉢の寸法に合わせて、根の長さを調整、カットする。

⑤ 株の大きさによって培養土を選ぶ。このサイズであれば、中粒程度のものでよい。

⑥ 鉢の底穴が大きい場合は、鉢底ネットを敷いてから、用土を入れる。

⑦ 鉢に根を置いて、株の置き方を決める。

⑧ 鉢と根の間に、少しずつ用土を入れる。

⑨ 鉢の側面をたたき、中の用土を均一にする。

⑩ 完成！

根が十分に発育しなかったものや、休眠期の無理な植えかえは、根腐れの原因になる。灌木系のものは、褐色の根が細く密に生える。

協力／サボテンオークション日本 栗原東五

鉢

プラ鉢の利点！素焼きの弱点！

　一般的な家庭園芸では、素焼き鉢にメリットが大きく、プラ鉢は軽量なこと以外にあまりメリットがないとされています。これは、素焼きのものは浸透性があり、夏場には鉢表面の水分が蒸発することで、鉢内の温度を下げられることを利点と考えます。

　ところがプラ鉢のデメリットである、鉢内の温度が上がりやすいという特徴は、まだ根をよく張っていない株などには好都合です。鉢が温まることで発根が促進され、健康に育ちます。特に黒いプラ鉢は温度が高くなりやすいので、栽培家たちも愛用しています。ただし、通気性が悪いため用土の配合には注意しましょう。

モスポット

鉢内の温度が上がるため、焼き上げるときに炭化させ黒くしたものがよい。粗い素材なので、余分な水分や空気が鉢表面から抜けやすい構造。

硬質ポリポット

プラ鉢よりも厚みあり、紫外線劣化にも強い。ラン鉢などにも幅広く使われ、デザイン性も高いものがある。黒いものは鉢内の温度も上がりやすく、保温性も高いので、コーデックス栽培に適している。

培養土・肥料

■ 同じ土で管理すると水やりがわかりやすく

用土は、市販の「草花用培養土」に赤玉土を5割ほど混ぜたものを基本の土にするとよいでしょう。「サボテン多肉用培養土」は水はけもよく、そのまま使うことができますが、2割くらいの赤玉土(小粒)を混ぜると水はけ、水もちがよくなります。

市販の培養土は栽培しやすいようにブレンドされているうえ、「元肥入り」がほとんど。元肥とは緩効性の化成肥料で、半年〜1年くらいは肥料効果が期待できますが、その効果は商品によってさまざま(低価格のものほど肥料分が少ない)。

市販の培養土はいろいろな容量が販売されているので、必要な量を入手しやすい点も魅力です。コーデックスの場合、種によって土を変える必要はありません。むしろ統一したほうが、水やりのタイミングがそろいやすくなって管理が楽になります。特別乾きやすい鉢があれば、上から酸度調整ずみのピートモスをのせて水分の蒸散を調整すればOK。使う土に水やりのタイミングや回数を合わせていく、という考え方がおすすめです。

土の配合以外では、粒の大きさを使い分けることがポイントのひとつ。小さめの鉢は水ぎれしやすいので水もちがよい細かい粒、大きめの鉢は水はけが悪くなりがちなので水はけがよい粗い粒を使うのがおすすめです。また、根のタイプでは細根の種には細かい粒、直根の種には粗い粒を使いましょう。

■ 長く肥料効果があるように緩効性肥料を選んで

用土の中に元肥が含まれていれば、しばらくは特に肥料を与えなくても元気に育ちます。追肥のタイミングは、花の後や、植えかえの2カ月後くらい。コーデックスは急激に育てると茎が割れるなどのトラブルが起きやすいので、マグァンプKなど緩効性肥料を使いましょう。生育期が夏の種類のパキポディウムなどには、ハイポネックス原液などの液肥を施します。

細目　中目　荒目

植物の根の形状に合わせて、用土の粒の大きさを選ぶとよい。(石井プランツナーセリー培養土)

草花用培養土
通気性と保水性があり、赤玉土や赤土、鹿沼土などをベースに堆肥や腐葉土などの改良用土を配合。商品によって配合はさまざま。

サボテン多肉用培養土
通気性と排水性があり、赤玉土、鹿沼土、バーク堆肥、木炭、パーライト、軽石、肥料分などが配合されている。

赤玉土（大粒、小粒）
鹿沼土と同じ関東ローム層で採取され、褐色をした弱酸性の土。ほぼすべての植物に用いることができる。

パーライト
火山岩として産出されるパーライト原石や珪藻土などを高温で熱処理してできる人工発泡体。鉢の中の通気性をよくする。

ゼオライト
海や湖の底に堆積した天然の多孔質構造。土壌改良に使われる素材。

鹿沼土
鹿沼土は、土というよりも「軽石」に近い。水はけがよく、保水性も高い。酸度の高い土質を好む植物には鹿沼土を使う。

軽石
流紋岩や安山岩のマグマが固まった石で別名パミス。水はけをよくする素材。

緩効性化成肥料
効果がゆっくりあらわれ、長続きするように工夫された肥料。水に溶けにくい成分を使用している。

液肥
化成肥料よりもすばやく植物に栄養を与えることができる。持続性がないので、定期的に与える必要がある。

植物活力液
肥料に含まれる三要素のほかにも必要とされている微量要素を配合したものが植物活力液。肥料取締法に含まれないので、さまざまな商品がある。

ふやし方

種に合ったふやし方を選ぶ

　多肉類は生長も早く、株分けや葉挿しなど、手軽にふやすことができます。気にいった株の形を維持するためには、その後の生長をイメージしてからカットしましょう。基本的に生長期の間に行います。

　生長の遅いコーデックスのふやし方は、挿し木かタネまき。挿し木ができるのはアデニアやユーフォルビアなど限られた種で、タネまきのほうが手軽で確実です。タネは鮮度が大事なので、採種してすぐにまけば発芽率は90%以上。ネット販売のタネもありますが、採種からどのくらいたっているかわからないので発芽率はそれほど高くありません。自分で採種してすぐにまく、これがいちばん簡単で確実なふやし方です。

パキポディウムのタネまき

① タネが飛びやすいコーデックスが多いので、花後にネットをかけて、タネが飛ばないようにする。

② バーミキュライトなど、肥料分がなく保水性のあるものに、1粒ずつタネを置く。

③ 日当たりのよい環境で、徒長させないように育てる。

オペルクリカリアパキプスのタネまき

① 花をつけたパキプスの親株。

② 花後に、緑の実が成熟すると赤い実になるので、熟してから採取。

③ バーミキュライトなど、肥料分がなく保水性のあるものに、1粒ずつタネを置く。

④ 発芽してから、2カ月ほどでこのサイズに。

1年目 → 2年目 → 3年目 → 4年目

挿し木 フォークイエリア プルプシー

木質化するユーフォルビアや塊根植物は、枝の一部をカットして挿し木ができる。

株分け

ハオルチアやリトープスなど子株がふえやすいものは、株分けをする。鉢は大きすぎると、土の乾きが遅くなるので注意。根の部分を分けるときには、古い根は整理し、両方に根が残るようカットする。

挿し芽

気根

葉が展開する茎には、気根（空中発根）が出る。カットしてそのまま土に挿せば、根を張る。

葉挿し

セダムやエケベリアなどは、はずした葉を用土の上に置いておくと、発根し、1カ月ほどで芽を吹く。日陰で管理することがポイント。

胴切り デンドロシキオス ソコトラーナ

アデニアなどは、茎をカットしてふやすことができる。枝を旺盛に伸ばす種だと、切り口は乾燥させないと腐れの原因に。

水やり

植えつけた鉢には、水やりをする。鉢底から出る水に色がなくなるまで、しっかり与える。

栽培カレンダー

多肉植物やコーデックスの多くは、日本とは異なった気候環境の場所に自生する植物です。本書の「栽培カレンダー」は、日本の中間地である関東平野部を基準に、12カ月の栽培管理を種ごとに書き分けてあります。近年の異常気象で、予想以上の高温や台風被害などがあります。同じ種のものでも、生長などに個体差があるので、植物の生長を観察しつつ、カレンダー情報を役立ててください。

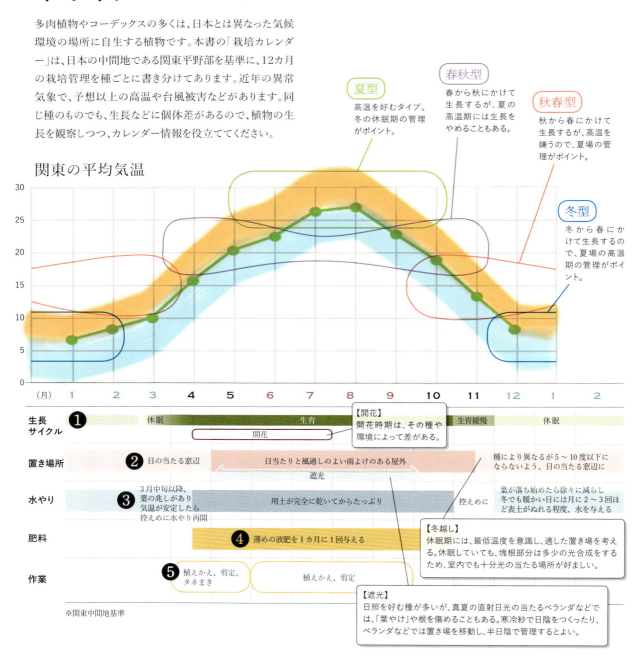

❶ 生長サイクル
日本の四季の環境では、それぞれの種が自生する場所とは異なった「生育」や「休眠」のサイクル。そのサイクルや時期は、ベランダ、温室などの栽培環境によっても差があり、種や個体差もふくめて断定的なものではない。栽培の中で、植物の生長変化を理解するための一助として。

❷ 置き場所
どの種も日当たりのよい場所が基本。温室などの栽培施設では、日照量や温度を調整できるが、ベランダやテラスでは、それぞれの季節に合った工夫が必要。

❸ 水やり
水やりのタイミングは、種ごとの生長タイミングを観察しながら行う。特に、春先の気温が安定しない時期には根張りも弱いので慎重に。冬の断水も、置き場の温度に合わせての判断が必要。

❹ 肥料
肥料は、与えすぎると根を傷めるので、必ず肥料の商品説明に準じて行う。

❺ 作業
植えかえは根の状況を判断して行うが、植えかえを嫌うものや、根張りが弱い時期、環境に順応していない時期は危険なので慎重に判断。

育て方 図鑑

Agave
アガベ

Data
分類	リュウゼツラン科アガベ属
原産地	アメリカ南部、メキシコなどの中米
生長期	夏
根	普通〜太い
育成難易度	容易〜難しい
生長速度	遅い〜普通

アガベ チタノタ ブラック&ブルー
Agave titanota black and blue
名前の通り葉の色が美しい
ブルー系の品種。

ギリシャ神話に登場する女性「アガウェー」から名付けられたといわれているアガベ。自生地はアメリカ南部から中南米にかけての広い範囲で、西インド諸島、南アメリカ北部も含め221種が自生しています。

アガベの魅力はなんといってもワイルドな株姿。葉色も緑、青みがかった種、黄色斑が入る種と多くのバリエーションがあります。また、トゲのつき方も先端だけの種、恐竜の歯のような葉をびっしりとつける種、逆にトゲはなく糸のようなフィラメントをつける種などさまざま。花芽をつけるのは一生に一度、もしくは50年に一度といわれるくらいで、その前には大量の子株をつけます。そして開花後には、親株は枯れてしまいます（品種によって諸説あり）。

基本的に高温で乾燥している場所が適していますが、耐寒性もあります。日本では真夏の高温にも耐えるため育てやすいものの、鉢の中の蒸れには注意。年間を通して風通しがよく、雨よけがある場所がよいでしょう。耐寒性がない種もあり、霜に当たると葉が傷んだり枯れてしまうことも。小さな鉢なら室内に移動し、大きな鉢なら寒冷紗をかけるなど霜よけを施します。

氷山
Agave victoriae reginae 'Hyouzan'
「笹の雪」の白覆輪系品種。
「ピンキー」と並んでこの種の最高峰。

姫笹の雪
Agave victoriae reginae 'Himesasanoyuki'
白く鋭角に縁取った純白の葉は厚く、ノギは鋭くかたい。

王妃笹の雪
Agave filifera v.*compacta*
「フィリフェラ コンパクタ」、「ピンキー」とも呼ばれる。高温多湿を嫌うので夏は注意。

白糸の王妃
Agave filifera
葉がすれると糸状（フィラメント）の繊維が出る。生長は遅く、子吹きもしにくい品種。

五色万代
Agave lophantha 'Quadricolor'
斑が幾重にも入り、紅葉期に赤く色づく姿が魅力。

樹氷
Agave parviflora ssp. *flexiflora*
白いペンキ模様と淡い黄緑色が相まって、鋭さを感じる品種。

アガベの栽培カレンダー

(月)	3	4	5	6	7	8	9	10	11	12	1	2
生長サイクル		生育			生育を水分調節で抑える			生育		生育緩慢	休眠	
				花が咲くと親株は生涯を終える。そして子株が出る								
置き場所		日当たりがよく風通しのよい雨よけのある屋外								耐寒性は種により違う。霜よけのある屋外から0～5度以下にならない簡易フレーム		
					遮光							
水やり			用土が乾いたらたっぷり		用土が乾いて4～5日後にたっぷり			用土が乾いたらたっぷり		1カ月に1回軽く		
肥料	※元肥のみ　追肥なし									冬季の水やりは、ほぼ不要。		
作業	植えかえ、株分け、タネまき、仕立て直し			盛夏の水やりは、夜か早朝に。日中は鉢内の温度が高く、根が蒸れやすくなる。この時期には、水やりを控え「株を締める」管理を心がける。			植えかえ、株分け、タネまき、仕立て直し					

※関東中間地基準

アガベ マクロアカンサ
Agave macroacantha
放射状に広がり、葉先のトゲが黒く大きく美しい。耐寒性は弱く、氷点下は厳禁。

アガベ チタノタ シエラ ミクステカ
Agave titanota 'Sierra Mixteca FO-076'
グリーンで豪壮なトゲ。
日本の「チタノタ No.1」に近い姿。

アガベ ピグマエア ドラコントゥース
Agave seemanniana ssp.*pygmaea*
ブルー系の葉にドラゴンのかぎ爪のような
鋭い鋸歯が特徴。

アガベ スーパークラウン
Agave potatorum f.*variegata* 'Super Crown'
外斑の「吉祥冠」の斑入り。
幅が大変広く厚みがあり、葉色がとても美しい。

アガベ キュービック
Agave potatorum 'Cubic'
ブルー系の葉に赤褐色のトゲ、
葉の裏にも割れ目が入り、トゲがつくものもある。

輝山
Agave victoriae reginae 'Kizan'
「笹の雪」から選抜された黄斑品種。秋の
低温に当たると、斑色が冴えて発色する。

アガベ チタノタ ホワイトアイス
Agave titanota 'White Ice'
白肌の葉に「チタノタ」らしいいかついトゲが
魅力的な品種。

吉祥天
Agave parryi var.*huachucensis*
肉厚でブルーグレーの葉、赤茶色のトゲとの
コントラストが魅力。特に耐寒性がある。

吉祥冠覆輪
Agave potatorum 'Kishoukan' *marginata*
紅葉の時期になっても覆輪の色や姿が
変わらない。耐寒性が弱い。

アガベ チタノタ FO-76
Agave titanota FO-076
Agave titanota 'Felipe Otero'の「同種」と考えられる。

アガベ パリー トルンカーダ ライムストリーク
Agave parryi ssp. *truncata*
ブルーグレーの葉に鋭く長く伸びる赤いスピンが美しい。斑入りの品種。

アガベ プミラ
Agave pumila
*Agave victoria reginae*と*Agave lechuguilla*との自然交配種。

白鯨
Agave titanota 'Hakugei'
葉は厚みがある。

アガベ シャークスキン
Agave 'Shark Skin'
葉にトゲがなく、つやのないブルーグリーンの質感が美しい大型種。

アガベ アリゾニカ
Agave × 'Arizonica'
*Agave toumeyana*と*Agave chrysantha*との自然交配種。

アガベ エボリスピナ
Agave utahensis var.*eborispina*
葉はスモーキーなブルー系。
繊細な形が個性的。耐寒性も強い。

アガベ チタノタ No.1
Agave titanota 'No.1'
鋭いトゲは生長とともに白く。「シエラ ミクステカ」の系統品種。学名がつく以前に「sp。No.1」として輸入されたため、長い間「No.1」と呼ばれた。

Astrophytum
アストロフィツム

Data
分類	サボテン科アストロフィツム属
原産地	メキシコ北中部
生長期	春～秋
根	普通～太い
育成難易度	容易～難しい
生長速度	遅い～普通

アメリカのテキサス州やメキシコに自生するサボテンの一種で、属名はギリシャ語の"astro"(星)と"phyton"(植物)を組み合わせたもの。白い斑点のような美しい刺座(アレオレ)が特徴で、星のように見えることから「有星類」とも呼ばれています。

自生地の環境は乾燥したブッシュによって日陰になる場所。そのために、ほとんどの種類は刺座に綿毛が生えているだけで、半分ほどの種はトゲがないものも。

日本では梅雨から夏にかけて蒸れないよう、風通しよく管理するのがポイント。雨よけのある屋外か温室で管理し、温室の場合はかならず換気をします。真冬は5度以下にならないよう、日当たりのよい窓辺か温室で管理。休眠期でも完全に断水はせず、1カ月に2回くらい軽く水を与えます。

人気品種は、「兜」や「兜丸」や「ランポー丸」など。春から夏にかけては、透き通るような黄色の花を咲かせます。

ミラクル兜
Astrohytum asterias 'Miracle Kabuto'

1980年代に、メキシコからアメリカ経由で自生株を大量に輸入したものが「兜」。現在の兜系交配種に比べると、白点は小さく地味なもの。その中でも、白点の目立つものを「テキサス兜」と呼んでいた。その後、国内での交配が盛んに行われ、さまざまな兜が誕生している。
「ミラクル兜」は、自生地の株の中から発見され、1996年に佐藤 勉(グランカクタス)によって命名され人気品種となった。

兜
Astrophytum asterias
丸々としたトゲのない種で、メキシコの自生種が戦前から輸入され、さまざまな園芸種がこれより作られた。白点の密度にアレオレの大きさがすばらしい。

スーパー兜
Astrophytum asterias 'Super Kabuto'
メキシコの自生地で発見。白点の多いタイプで日本で固定された。

白兜
Astrophytum asterias 'Shiro Kabuto'
「兜丸」の中でも、白点が密できれいに見える「兜丸」の優系種。

王冠瑠璃兜
Astrophytum asterias 'Ookanrurikabuto'
巨大なアレオレが連なる、選抜園芸種。

瑠璃兜錦
Astrophytum asterias 'Rurikabuto Nishiki'
白点の出ないタイプで、斑入り種。斑の入り方で、人気と価値に差がある。

花園兜
Astrophytum asterias 'Hanazono Kabuto'
稜線上以外にも、不規則に多くのアレオレがつく。日本で固定された品種。

アストロフィツムの栽培カレンダー（夏型）

(月)	3	4	5	6	7	8	9	10	11	12	1	2
生長サイクル	休眠	生育			生育緩慢			生育		休眠		
		開花										
置き場所		日当たりのよい雨よけのある屋外か温室								日当たりのよい窓辺か温室（5度以下にならないように）		
			遮光									
水やり			用土が乾いたらたっぷり					1カ月に1〜2回たっぷりと		1カ月に2回くらいさっと控えめに		
肥料		薄めの液肥を1カ月に1回					薄めの液肥を1カ月に1回					
作業		植えかえ、タネまき					植えかえ、タネまき					

※関東中間地基準

Adenia

アデニア

Data
分類────トケイソウ科アデニア属
原産地────アフリカ大陸一帯、
　　　　　マダガスカル、東南アジア
生長期────夏、秋
根────────細い〜普通
育成難易度──容易〜難しい
生長速度───遅い〜速い

コーデックスとして多くの種が栽培されているトケイソウ科の植物です。属名はアラビア半島南端のイエメンのアデン(Aden)に由来します。アフリカ大陸一帯やマダガスカル、アジアなどの熱帯地域に広く分布しています。

自生地の環境は、乾燥した荒れ地や低木が茂るような場所、種によっては森林の奥などさまざまです。低木となる種もいますが、多くは塊茎・塊根を有し、長いつるを伸ばします。また、トケイソウ科らしく、ユニークな花や巻きひげ、果実などの特徴を見せてくれる種もあり、イモをめでる以外の楽しみもあります。代表的な種は、グラウカやグロボーサ、スピノーサなど。種によって好む栽培条件が異なる点に注意して育ててみてください。

アデニア ペチュエリー
Adenia pechuelii
ナミビア、アンゴラ原産のアデニア属の希少種。生長は非常に遅く、自生地の大株の樹齢は1000年以上とされる。

アデニア ペリエリ
Adenia perrieri
非常に美しい葉が特徴の塊根性のアデニア。葉の形状にはバリエーションがある。

アデニアの栽培カレンダー

塊根性のアデニアは塊根を日光に長時間当てないように注意。つるや葉を誘引したり、寒冷紗などで遮光する。
また、表皮に葉緑素を多くもつ種（グロボーサやスピノーサなど）も日やけしやすいため注意。

※関東中間地基準

アデニア キルキー
Adenia kirkii
つるを伸ばし、細長いヒトデのような葉を展開する塊根性アデニア。塊根は直径20〜30cmほどの大きさに生長する。

アデニア ゴエツィー
Adenia goetzei
アフリカ中南部原産の塊根種。葉の形状にはいくつかのタイプが存在する。自家受粉で種子が実る。

アデニア ディギタータ
Adenia digitata
アフリカ東部に自生する。葉の形状にさまざまなバリエーションがあり、種の特定が難しい。

アデニア バリー
Adenia ballyi
ソマリア原産の希少種。「グロボーサ」に似ているが表皮の凹凸が少なく、茎もやや太い。

アデニア グラウカ
Adenia glauca
〝灰青色の〟という意味の種小名をもつアデニア属の代表種。下部の白い部分は地下部。

アデニア グロボーサ
Adenia globosa
緑色のゴツゴツした表皮の幹から鋭いトゲの生えたつるを伸ばす。普及種だが寒さに非常に弱く、栽培は比較的難しい。冬の水やりは特に注意が必要で、塊根は強光線に弱い。

Adenium
アデニウム

Data
分類 ── キョウチクトウ科アデニウム属
原産地 ── アフリカ南部・東部、アラビア
生長期 ── 夏
根 ── 普通～太い
育成難易度 ── 容易
生長速度 ── 遅い～速い

砂漠のバラと呼ばれる、濃いピンクの花を咲かせるアデニウム属。属名は自生地のひとつであるイエメンのアデンにちなんでいて、アラビア半島やアフリカ大陸東側の広い地域に自生しています。アデニウム属は砂漠や乾燥した場所の岩や砂礫の上などに生えていて、光と風を遮るものはありません。そのため、年間を通して直射日光がよく当たり、風通しのよい場所での管理がおすすめです。

日光が不足すると、幹や枝が徒長したり根腐れを起こしたといったトラブルにつながります。また、自生地は年間総雨量は少ないながらも雨期はまとまった雨が降るため、気温の高い生長期は雨ざらしにしたほうが調子よく育ちます。代表的な種は、アデニウム属の王様とも呼ばれる「ソコトラナム」や赤茶色の幹をした「オベサム」など。近年はタイで交配された園芸種が盛んに輸入されています。耐寒性がないので、冬は7～8度以上で管理します（完全断水であれば5度ぐらい）。

アデニウム オベサム
Adenium obesum
アフリカ大陸からアラビアまで広く分布する。
光沢のある濃い緑色の葉と
赤茶色っぽい表皮が特徴。

アデニウム アラビクム
Adenium arabicum
低く平らな幹が特徴のアデニウムの入門種。
タイで盛んに栽培され、さまざまな品種が作出されている。

アデニウム ソマレンセ
Adenium somalense
スマートな葉形が特徴。塊根からは長い主幹を伸ばし、
自生地では4〜5mにもなる。

アデニウム ソコトラナム
Adenium socotranum
イエメンのソコトラ島にのみ自生するアデニウムの最高峰品種。
樹齢数百年の株はすばらしい樹形となる。

アデニウムの栽培カレンダー

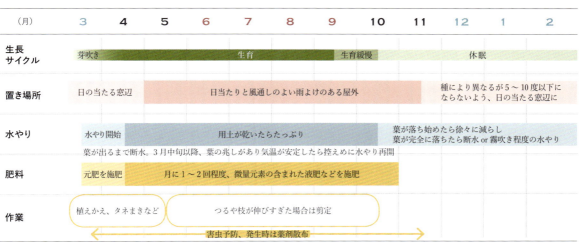

(月)	3	4	5	6	7	8	9	10	11	12	1	2
生長サイクル	芽吹き				生育				生育緩慢	休眠		
置き場所	日の当たる窓辺		日当たりと風通しのよい雨よけのある屋外							種により異なるが5〜10度以下にならないよう、日の当たる窓辺に		
水やり	水やり開始			用土が乾いたらたっぷり					葉が落ち始めたら徐々に減らし 葉が完全に落ちたら断水or霧吹き程度の水やり			
		葉が出るまで断水。3月中旬以降、葉の兆しがあり気温が安定したら控えめに水やり再開										
肥料	元肥を施肥		月に1〜2回程度、微量元素の含まれた液肥などを施肥									
作業		植えかえ、タネまきなど		つるや枝が伸びすぎた場合は剪定								
		害虫予防、発生時は薬剤散布										

暗い場所から移動した場合、一時的に葉やけする場合もあるが年間を通して可能なかぎり長時間日光に当てる。
アデニウムは屋外で管理した場合でもカイガラムシやハダニが発生しやすいため、薬剤を散布して予防・駆除する。

※関東中間地基準

Avonia
アボニア

Data
分類 ─ スベリヒユ科アボニア属
原産地 ─ アフリカ南部から東部
生長期 ─ 種によって異なる
根 ─ 細い
育成難易度 ─ 普通〜難しい
生長速度 ─ 遅い

　アフリカが原産地のスベリヒユ科の多肉植物です。属名は本属の特徴である白いウロコ状の托葉(たくよう)から、ラテン語で"祖父"をあらわす"avus"が出自とされています。以前はアナカンプセロス属として分類されていましたが、近年アボニア属として再編されました。
　魚のウロコのような白い托葉で覆われた葉が特徴ですが、幹が塊根状に育つ「アルストニー」、「クイナリア」などが人気があります。アフリカ南部、およびアフリカ東部の極乾燥地帯に自生しており、自生する環境によって生長パターンは異なりますが、いずれも蒸し暑さを嫌います。生長はきわめて遅く、年間に数mm程度しか生長しません。

アボニア クイナリア
Avonia quinaria
平たいコマ状の塊茎から托葉に包まれた短い葉を展開する。花の形状が小さく花弁も細長い。夕方に開花して、2〜3時間ほどで閉じてしまう。「クイナリア」には、赤花と白花があるが、亜種、独立種という説もある。

アボニア クイナリア(アルビッシマ)
Avonia albissima
白花は「アルビッシマ」と呼ばれ、"最も白い"という意味の種小名を与えられた小型種。ウロコ状の托葉は白く大きく、他種に比べて目立つ。

アボニア グリセア
Avonia grisea
2009年に新種として記載された小型種。
小さな「アルストニー」にも見えるが、葉はより太くて短い。

アボニア クイナリア(アルストニー)
Avonia alstonii
白く大きな花を咲かせる種だが、桃色の花を咲かせるタイプもあり、「アルストニー」として流通する場合もある。

アボニア ベスペルティナ
Avonia vespertina
非常に珍しいソマリア産の珍奇種。
アフリカ南部産のアボニアに比べて葉は長く、10cm近くまで伸びる。

アボニアの栽培カレンダー

※関東中間地基準

品種解説協力／斉藤 厚

Aloe
アロエ

Data
分類　　　　ツルボラン科アロエ属
原産地　アフリカ南部・東部、アラビア
生長期　　　　　　　夏または冬
根　　　　　　　　　普通～太い
育成難易度　　　　　容易～難しい
生長速度　　　　　　遅い～速い

アラビア語で"苦い"を意味する"alloeh"（アロッホ）に由来するアロエ属。アフリカやマダガスカル、アラビア半島などに自生し、約500以上の種が知られています。小さな鉢で育てられる小型種から10m以上に育つ木立ち性の種があり、株姿や葉色、トゲの生え方もバリエーション豊富。一部の種を除けば丈夫なので栽培は簡単です。自生地の環境は基本的に乾燥したやせた土地で、「医者いらず」の和名で知られるアロエ アルボレッセンスなど耐寒性のある種は関東平野部以西で庭植えが可能です。冬季降雨地帯に自生する種、および高山種は蒸し暑さを嫌うため風通しのよい涼しい場所で管理します。人気の種は葉や株姿にユニークな特徴をもったアロエですが、交配種も多く出回っています。

| アロエ ピランシー
Aloe pillansii
非常に希少な巨木アロエの王様。
生長も遅いうえ、自生地の個体数も
きわめて少なく絶滅の危機に瀕している。

アロエ カスティロニアエ
Aloe castilloniae
2006年に新種として記載された小型種。株の小ささに見合わない大きなトゲと、強くカールする葉が魅力。

夏型 アロエの栽培カレンダー

(月)	3	4	5	6	7	8	9	10	11	12	1	2
生長サイクル	芽吹き	生育						生育緩慢		休眠		
							開花					
置き場所	年間を通して日当たりのよい場所で管理 ／ 小型種は適度に遮光											
水やり	水やり開始	用土が乾いたらたっぷり							月に数回、天気のよい日に水やり		月に数回霧吹き	
肥料	元肥を施肥	月に1〜2回程度、微量元素の含まれた液肥などを施肥										
作業		植えかえ、タネまきなど						植えかえ、切り戻し				
		害虫予防、発生時は薬剤散布											

熱帯地域に自生するアロエは基本的に夏型と考え、高温期に生長させる管理を行う。
大型種は直射日光を好むが、小型種のアロエは日やけしやすいため、適度に遮光して管理する。

冬型

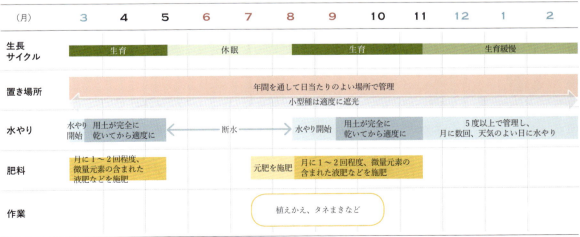

(月)	3	4	5	6	7	8	9	10	11	12	1	2
生長サイクル		生育		休眠				生育			生育緩慢	
置き場所	年間を通して日当たりのよい場所で管理 ／ 小型種は適度に遮光											
水やり	水やり開始	用土が完全に乾いてから適度に	← 断水 →				水やり開始	用土が完全に乾いてから適度に		5度以上で管理し、月に数回、天気のよい日に水やり		
肥料		月に1〜2回程度、微量元素の含まれた液肥などを施肥					元肥を施肥	月に1〜2回程度、微量元素の含まれた液肥などを施肥				
作業					植えかえ、タネまきなど							

南アフリカからナミビアの冬季降雨地帯に自生する種は涼しい季節を好む冬型種として管理する。
高温期に水やりすると根腐れしやすいため、素焼き鉢などで栽培すると管理しやすい。

※関東中間地基準

アロエ ポリフィラ
Aloe polyphylla
「スパイラル アロエ」の別名をもつ
高山性のロゼット型アロエ耐寒性種。
大きく育つと葉がらせん状に渦巻く。

アロエ スプラフォリアータ
Aloe suprafoliata
互生の葉が特徴の珍奇アロエの
人気種。枯れた葉も永続的に残り、
年月を経た株ほど、面白い株姿となる。

アロエ グラキリス
Aloe gracilis
細葉が美しい。木立ち性で株元からのシュートは出にくい。耐寒性はやや弱い。

アロエ ペアルソニー
Aloe pearsonii
肥大した葉を密に生やすアロエの希少種。過湿や暑さを嫌い、栽培は難しい。

アロエ アリスタータ
Aloe aristata
「綾錦」の和名で知られる古典アロエ。性質も強健で入門種としても最適。

Alluaudia
アローディア

Data
分類 ────── ディディエレア科
　　　　　　アローディア属
原産地 ──── マダガスカル
生長期 ──────────── 夏
根 ────────────── 細い
育成難易度 ── 容易～普通
生長速度 ──── 普通～速い

マダガスカル固有種であるディディエレア科の植物です。属名のAlluaudiaは19世紀のフランス人昆虫学者、チャールズ.A.アルオー博士の名をとって命名されています。全部で6種知られており、高さ2m程度から15mを超す大きさまで生長します。

海岸線沿いから標高500m程度までの乾性林に自生し、乾燥に耐えられるよう厚くかたい表皮をもっています。幹や枝から生えた鋭いトゲが特徴ですが、アローディア デュモサのようにトゲを全くもたない種もあります。高い気温を好み、生長期の夏は旺盛に枝を伸ばします。

ディディエレア マダガスカリエンシス
Didierea madagascariensis
自生地では、葉は線形で枝にまとまってつく。
長いトゲがあり、花は淡紅色を帯びた白色花。

アローディア モンタグナッキー
Alluaudia montagnacii
トゲの間からハート形の葉を展開する。
属中、最もトゲを密に生やし、
生長も比較的遅い。

Ipomoea

イポメア

Data
- 分類────ヒルガオ科イポメア属
- 原産地───全世界の熱帯、亜熱帯地域
- 生長期────夏
- 根──────細い
- 育成難易度──容易〜普通
- 生長速度───遅い

　イポメア属は園芸植物としてなじみのあるアサガオや、サツマイモを含むヒルガオ科の植物です。
　形状は草本や低木、塊根性などさまざまですが、主にアフリカ産や中南米産の塊根性の一部の種がコーデックスとして栽培されています。
　太った塊根部分を露出させ栽培されることが多いのですが、本来は塊根は地中に埋まっているため、しっかり栽培できるまで、なるべく用土内に埋めて育てましょう。
　アサガオの仲間だけあって美しい花を咲かせるのもイポメア属の魅力です。

イポメア ホルビー
Ipomoea holubii
アフリカ南央原産の塊根性イポメアの代表種。細長い葉と紫がかったピンク色の美しい花が特徴。

Welwitschia
ウェルウィッチア

Data
分類	ウェルウィッチア科ウェルウィッチア属
原産地	ナミビア
生長期	夏
根	太い
育成難易度	難しい
生長速度	遅い

ウェルウィッチア ミラビリス（奇想天外）
Welwitschia mirabilis

　ウェルウィッチア属の名は、発見者であるオーストリアの探検家フリードリヒ・ウェルウィッチに由来します。
　「奇想天外」の和名で知られるミラビリスは、2枚の葉を横に伸ばし続ける奇妙な性質をもちます。アフリカのナミビア共和国のナミブ砂漠でだけ見られます。地中の塊根や厚い葉はもたず、百年もこの葉は生長を続けます。
　日本では、夏に生育しますが根が乾燥しないように鉢ごと水につけて栽培します。冬も水をきらさず、10度以下にならないよう注意。

ウェルウィッチアの栽培カレンダー

(月)	3	4	5	6	7	8	9	10	11	12	1	2
生長サイクル	休眠	生育							生育緩慢	休眠		
		開花										
置き場所	日の当たる窓辺		日当たりと風通しのよい雨よけのある屋外						10度以下にならないよう、日の当たる窓辺に			
水やり	週年越水（底面灌水鉢）											
肥料		1カ月に1回ほど										
作業		植えかえ、剪定						剪定				

※関東中間地基準

Uncarina

ウンカリーナ

Data
分類　　　ゴマ科ウンカリーナ属
原産地　　マダガスカル
生長期　　夏
根　　　　細い～普通
育成難易度　容易
生長速度　　速い

ウンカリーナ ルーズリアナ
Uncarina roeoesliana
微毛の生えた葉と黄色いラッパ状の花を咲かせるウンカリーナの代表種。生長は早く、寒さに気をつければ栽培も容易。

約10種のみ知られているマダガスカル原産のゴマ科植物。主に石灰岩土壌の岩場や、乾性林に自生しています。属名の*Uncarina*は、ウンカリーナ属の果実につく曲がったかぎ爪を指したラテン語の"uncus"(曲がった、かぎ状の)に由来しています。

自生地のマダガスカルではウンカリーナ属の葉を水に浸すと分泌される粘液をシャンプーや整髪剤として利用されています。そのため日本では「シャンプーの木」という名称で出回ることもあります。熱帯の低地に自生しているため寒さには弱いのですが生育は旺盛で、栽培は比較的容易です。

Echeveria
エケベリア

ゼット型の整った葉姿が美しく、とても人気が高いエケベリア。メキシコを中心とした中米原産で、日本では春と秋によく生長します。自生地は高地で、夏も気温が25度くらいとあまり暑くならない場所。日本の猛暑の時期は水をきって休眠させましょう。また種によっては冬の寒さに弱いので室内に移動するのがおすすめ。環境が適していると、本来の引き締まった形に育ちます。

種類は原種で180種以上あり、大きさや葉色もさまざま。秋に紅葉が楽しめる品種も多くあります。

Data
- 分類 ── ベンケイソウ科エケベリア属
- 原産地 ── メキシコや中米
- 生長期 ── 秋〜春（品種により周年）
- 根 ── 普通
- 育成難易度 ── 容易
- 生長速度 ── 速い

紅大和（べにやまと）
Echeveria 'Beniyamato'
「大和錦」の交配種で、栽培時の光線が強いと葉の縁に赤みを帯びる。同じ種の交配で、赤く色づきにくいタイプは「青大和」という種。

エケベリアの栽培カレンダー

★★★ 夜は室内に入れる　※関東中間地基準

エケベリア ミニマ
Echeveria minima
小型種でコンパクトに群生する。

エケベリア ラウイ
Echeveria laui
青白い肌で、丸みのある葉が人気。
暑さには強いが過湿に弱く、寒さは苦手。

エケベリア アガボイデス
Echeveria agavoides
茎が伸びないタイプで、和名は「東雲」。
個体差がある。姿がよいので交配親株に使われる。

エケベリア メキシカン ジャイアント
Echeveria 'Mexican Giant'
ほぼ単幹で、葉は真っ白な大型種。
夏の蒸し暑さに弱いので注意。

エケベリア ペルピィータ
Echeveria belvita
葉は丸く、全体に白い産毛をまとっている。写真の種は綴化したもの。

エケベリア ロメオ
Echeveria agavoides 'Romeo'
「コーデュロイ」の突然変異種。一年を通してピンクに色づき美しい。

Othonna

オトンナ

Data
分類	キク科オトンナ属
原産地	南アフリカ、ナミビア
生長期	秋〜春
根	細い
育成難易度	普通〜難しい
生長速度	遅い〜普通

　南アフリカに大多数の種が自生するキク科植物です。属名の*Othonna*は、オトンナ属のいくつかの種のやわらかい葉を暗示するギリシャ語の"othonne"(リネン、布)を意味します。ほとんどの種が冬季降雨地域に自生する冬型種ですが、南アフリカ東部の夏季降雨地域にも一部の種が自生しています。

　形態としては低木状か、地中に塊根を有する塊根植物ですが、バリエーションに富んださまざまな形状も本種の魅力で、「クラビフォリア」のように多肉化した葉をもつユニークな種も人気があります。

オトンナ ユーフォルビオイデス
Othonna euphorbioides
無骨な株姿が特徴の、"ユーフォルビアに似た"という種小名をもつ人気種。夏期の水やりは厳禁。

オトンナ シクロフィラ
Othonna cyclophylla
枝の先端に生えるビロード状の綿毛が特徴。
幹や枝は太く、高さ1m近くまで生長する。

オトンナ クラビフォリア
Othonna clavifolia
太い枝から丸く多肉質の葉を展開する。
日本では葉を丸く維持するのは困難。

オトンナ レピドカウリス
Othonna lepidocaulis
"鱗状の茎"という意味の種小名の珍奇種。分岐しながら生長し、
高さ20cmほどにしか生長しない小型のオトンナ。

オトンナの栽培カレンダー

(月)	3	4	5	6	7	8	9	10	11	12	1	2
生長サイクル	生育緩慢		休眠				生育				生育緩慢	
	開花							開花				
置き場所			涼しい場所で管理				日当たりがよく風通しのよい屋外(長雨に当てないように) 種により異なるが0〜5度にならないよう、日の当たる窓辺に					
			遮光									
水やり			断水 or 霧吹き程度の水やり				水やり開始	用土が乾いたらたっぷり				
肥料						元肥を施肥	月に1〜2回程度、微量元素の含まれた液肥などを施肥					
作業						植えかえ、タネまきなど						

直射日光を好む種が多いが、塊根を有した種は塊根に直射日光が長時間当たらないように管理する。
活着して数年たった株であれば休眠期の断水にも耐えられるが、オトンナ属は根の細い種が多いため、
休眠期に細根が枯れないように管理すると枯死しにくい。

※関東中間地基準

Operculicarya
オペルクリカリア

Data
分類　　　　　ウルシ科
　　　　　　　オペルクリカリア属
原産地　　　　マダガスカル
生長期　　　　　　　　夏
根　　　　　　　　　塊根
育成難易度　　　　　普通
生長速度　　　　遅い〜普通

オペルクリカリア パキプス
Operculicarya pachypus

パキプスとは、ラテン語の"pachus"(ずんぐりとした)と"pous"(足)の合成語で、パキポディウムも同じような意味。灰色でコルクのようにも岩肌のようにも見える表皮と細かな葉が茂り、巨木にも見えるような景色をつくっている。大株になると、クリーム色の花をつける。雌雄異株なので、タネを採取するためには、雌雄の株が必要となる。

マダガスカルに自生するウルシ科のコーデックスです。属名の*Operculicarya*はラテン語の"operculum"(小さなふた、帽子)とギリシャ語"karyum"(木の実)を組み合わせた合成語です。

コーデックスの王様と呼ばれる「パキプス」、「デカリー」は人気があり流通も多くありますが、その他の種はほとんど流通することはありません。ゴツゴツとした幹に小さな葉をつける種が多く、密に生えた細い枝も魅力のひとつです。疎林の岩の上や砂地、低木の間などに自生しています。一度活着すれば丈夫な種ですが、直根が断ち切られた輸入株は活着率が非常に悪いため、発根したものは高価。タネから育てた場合、直根は塊根状に太り、根が十分に充実してから幹が太りだします。日本では、年間を通して日光のよく当たる風通しのよい場所で管理します。

オペルクリカリアの栽培カレンダー

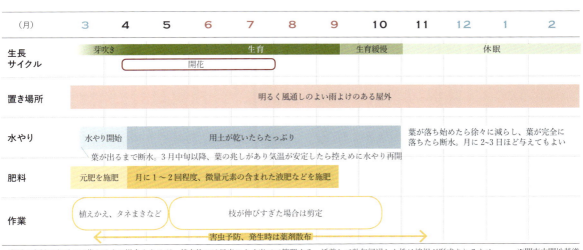

盛夏の直射日光下では葉やけする場合もあるが、基本的には日光によく当てて管理する。活着して数年経過した株は塊根が形成されるため休眠期の断水に耐えられるが、塊根形成前の株は休眠期も細根が枯れない程度に水やりすると枯死しにくい。　　　※関東中間地基準

| **オペルクリカリア ヒファエノイデス**
Operculicarya hyphaenoides
マダガスカルでも限られた場所にしか自生せず、現地では直径50cm、樹高1〜2mという小灌木。
「パキプス」に比べると縦に長くて、表皮に微毛をまとい、凹凸も穏やかな印象。

| **オペルクリカリア ボレアリス**
Operculicarya borealis
マダガスカル最北部に自生する灌木状に育つ
オペルクリカリア。葉に微毛をまとう。

オペルクリカリア デカリー
Operculicarya decaryi
マダガスカル南西部、乾燥地帯の開けた草原などに自生。マダガスカルの博物学に貢献したデカリー博士の名前から命名されたもの。本種は、地中に太くうねった塊根を多数作るが、地上の幹は地下茎が充実してから、その後に太くなるようだ。幹の表皮はかたく、細かな凹凸がある。同属の「パキプス」と似ているが、「パキプス」の花はクリーム色で、枝のジグザグが強い。一方、「デカリー」の花はエンジ色で枝のジグザグが緩い。葉は、光沢があり美しい。

Gasteria
ガステリア

Data
分類	ツルボラン科ガステリア属
原産地	南アフリカ、ナミビア
生長期	秋〜春、夏
根	細い〜普通
育成難易度	容易
生長速度	遅い〜普通

花がかぶと(gaster:ラテン語で"かぶと")のような形状であることから名がついたガステリア。南アフリカとナミビアが原産地で、岩間や灌木の下など強い日差しを避けるように自生しています。内側に水分をたっぷりため込むため、葉はかたく肉厚に進化しました。表皮の質感で2系統に分けられ、「臥牛」などのざらざらしている種、「ピランシー」などのつるつるしている種があります。日本では「臥牛」の系統が古くから人気で、葉の色や斑の入り方、形などが異なる多くの品種が作り出されてきました。栽培環境は年間を通して風通しがよく、30〜60%ほど遮光された場所。冬は5度以下を下回る環境なら室内に移動して管理しましょう。

ガステリア ピランシー
Gasteria pillansii
和名「牛舌殿」で、牛タンのようななめらかなで肉厚の葉をもつ。葉を交互に出し、ゆっくりと生長する。

白臥牛
Gasteria armstrongii hybrid
英名は牛の舌という名前。
舌のような感じの厚みがあり
薄緑の葉が美しい。交配種で
白い肌が特徴。

ガステリア エクセルサ
Gasteria excelsa
中でも特に大きくなるタイプ。大型のものでは直径60cmにもなる。
肉厚な葉と、深いつやのある緑色が美しい。

臥牛
Gasteria armstrongii
葉幅が広く厚いタイプ。この個体は多頭で迫力がある。

春鶯囀錦
Gasteria batesiana
舌状の葉が放射状に広がり、その葉の表裏に
たくさんの白いツブツブがつく。

ガステリア ラウリンソニー
Gasteria rawlinsonii
断崖に自生している珍種ガステリア。
属の中でも珍しい有茎種で、崖から垂れ下がるように生長する。

Kalanchoe
カランコエ

カランコエ プロリフェラ
Kalanchoe prolifera
マダガスカル原産の中型種。
「五節の舞」の和名で知られる。

Data
分類	ベンケイソウ科カランコエ属
原産地	マダガスカル、アフリカ、アジア一帯
生長期	夏〜秋
根	細い〜普通
育成難易度	容易
生長速度	普通〜速い

　マダガスカルを中心に、南アフリカやインド、中国などに自生するカランコエ。語源は中国名の「伽藍菜」を音読みしたものといわれています。

　自生地の環境は熱帯〜亜熱帯の乾燥した土地で、日本では日当たりがよく風通しのよい場所で管理します。比較的寒さに強いベンケイソウ科ですが、カランコエは耐寒性があまりありません。休眠する冬の間は断水して、10度以下にならないよう温室や簡易フレームで管理しましょう。

　自生地には120種ほど生育していて、さまざまな葉色や形があります。葉の表面に産毛を生やしたもこもことした姿の種、葉の縁にのこぎりのようなギザギザをもつ種など個性豊かです。

Cyphostemma
キフォステンマ

Data
分類 ─────── ブドウ科
　　　　　　キフォステンマ属
原産地 ───── アフリカ、アラビア
生長期 ───────── 夏
根 ───────── 細い〜普通
育成難易度 ─────── 普通
生長速度 ───────── 遅い

キフォステンマ　マクロプス
Cyphostemma uter var. *macropus*
"大きい足"の変種名を与えられたアンゴラ、ナミビア北部に自生する大型種。

キフォステンマ　ベティフォルメ
Cyphostemma betiforme
塊根部の表皮下でも光合成をする。皮をはずしながら強い紫外線を調整しているようだ。東アフリカタイプは葉が大きい。

キフォステンマ属はかつて*Cissus*（シッサス属）として流通していたブドウ科の植物群です。キフォステンマの語源は、ギリシャ語で"塊、腫瘍"という意味の"kyphos"と、花冠という意味の"stemma"から。ほぼすべての種が幹または塊根が大きく太るコーデックスで、日本でも古くから栽培されています。主にアフリカやアラビアの荒れた乾燥地帯に自生していますが、一部の種は森林や林にも自生しています。ブドウ科の植物なのでブドウに似た実をつける場合がありますが、キフォステンマ属の果実は有毒とされているため、口にしないようにしましょう。

キフォステンマ モンタグナッキー
Cyphostemma montagnacii
マダガスカル原産の大型塊根種。
つるを旺盛に伸ばし繊細な葉を展開する。
葉には微毛が生えている。

キフォステンマ セイチアナ
Cyphostemma seitziana
ナミビアに産するキフォステンマの希少種。
きわめて太い幹と美しい葉が魅力。

キフォステンマ ベティフォルメ
Cyphostemma betiforme
成熟しても根径30cmほどで、地表性キフォステンマの小型種。
塊根部分は、フラスコ型や太い瓶、カブのような形などさまざま。
葉の小さいソマリア型が人気。

Capebulb
ケープバルブ

Data
- 分類 ————— 多種に分かれる
- 原産地 ———— 南アフリカ
- 生長期 ————————— 冬
- 根 ————————————— 細い
- 育成難易度 —— 普通〜容易
- 生長速度 ————————— 普通

エリオスペルマム パラドクサム
Eriospermum paradoxum
「霧氷玉」の和名を与えられた人気種。葉の上に大きく発達したエネーションと呼ばれる付属器に微毛をびっしりまとう。写真の個体は特に微毛が多い。

　南アフリカ南端のケープ地方と呼ばれる沿岸沿いの地域は、さまざまな球根植物の産地としても知られています。一般的な園芸の世界でも南アフリカ産の球根植物は人気ですが、主に花の美しい種を中心に栽培されています。多肉植物として分類される、いわゆる「ケープバルブ」と呼ばれる球根植物たちは非常にユニークな葉をもつものが多く、葉を観賞する目的でさまざまな種が栽培されています。代表的なものの多くは冬季降雨地帯に自生しているため、涼しい季節に葉を展開します。

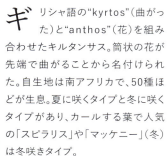

ギリシャ語の"kyrtos"（曲がった）と"anthos"（花）を組み合わせたキルタンサス。筒状の花が先端で曲がることから名付けられた。自生地は南アフリカで、50種ほどが生息。夏に咲くタイプと冬に咲くタイプがあり、カールする葉で人気の「スピラリス」や「マッケニー」（冬）は冬咲きタイプ。

キルタンサス スピラリス
Cyrtanthus spiralis
らせん状の葉を秋に出すが、環境によって時期に差がある。巻きの強い葉と、赤いラッパ状の花も魅力。

冬型 ケープバルブの栽培カレンダー

（月）	3	4	5	6	7	8	9	10	11	12	1	2
生長サイクル	生育緩慢	休眠					生育					生育緩慢
		開花										
置き場所		涼しい場所で管理					日当たりのよい場所で管理（5度以下になる場合は簡易フレームや室内の窓辺に取り込む）					
		遮光										
水やり		断水 or 霧吹き程度の水やり					水やり開始	用土が乾いてから適度に				
肥料							元肥を施肥	月に1〜2回程度、微量元素の含まれた液肥などを施肥				
作業					タネまきなど							

ケープバルブの多くは日光が不足したり風通しが悪いと本来の姿と異なる形に育ちやすいため、日光と通風を確保するようにして栽培する。また、ある程度の大きさに育つまで特徴が出にくいため、株が小さいうちは肥培して育ててもよい。　※関東中間地基準

ブーフォン ディスティチャ
Boophone disticha
大型ケープバルブの代表種。
打ち上げ花火のような見事な花を咲かせるが、
花粉は有毒なため注意。

ブーフォン ハエマンソイデス
Boophone haemanthoides
幅広の葉を扇状に展開する大型の
ケープバルブ。生長は遅く、開花まで
年数を要する。

アフリカに自生するブーフォン。属名は、ラテン語の"bous"（雄牛）と"phonos"（殺人）を組み合わせた「雄牛殺し」という意味の合成語です。ブーフォンの樹液は有毒で、大きな牛も死んでしまうほどの毒性なのだとか。よく知られている種は、乾性のサバンナや山裾の平原などに自生する「ディスティチャ」。自生地では球根の半分以上が地中に埋まっていて、上部の枯れた部分のみ地上に出ています。この枯れた表皮は、寒さや暑さなどから中の球根を守る役目があるので決してはがさないようにしてください。

生育期は直射日光のよく当たる風通しのよい場所で管理します。日照が不足すると葉が徒長したり、球根が腐りやすくなるので注意しましょう。「ディスティチャ」は自生地が広範囲にわたるため、生育期と休眠期が明確でないことがあります。比較的冬に生長することが多いため冬種として管理してみてください。

夏に休眠した場合は風通しのよい遮光した場所で、冬に休眠した場合は霜の当たらない暖かい場所（室内）で管理します。

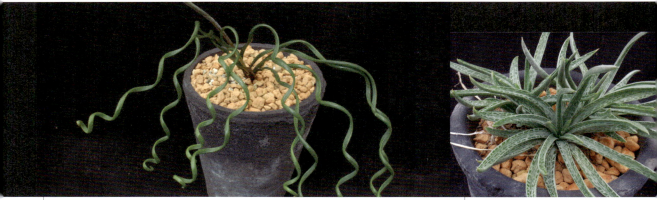

アルブカ ブルースベイエリ
Albuca bruce-bayeri
コルク抜きのようにツイストした葉をもつ。
葉を強くツイストさせるには強光と通風、控えめの水やりが必要。

ブルビネ マルガレサエ
Bulbine margarethae
メセンやハオルチアのような多肉質の
葉をもち、葉の表面に不規則な
美しい模様が入る珍奇種。

クロッシネ フラバ
Crossyne flava
葉を重ねながら地面に張りつくように
展開する珍奇バルブ。葉の縁に
粗毛を生やす。

エリオスペルマム エリナム
Eriospermum erinum
葉の表面組織が大きく生長した
エネーションと呼ばれる突起を
無数に展開する珍奇種。

エリオスペルマム ムルチフィダム
Eriospermum multifidum
"たくさん分岐した"という意味の
種小名の通り、無数に分岐した
エネーションが特徴。

ゲチリス ブリッテニアナ
Gethyllis britteniana
白い葉鞘に赤紫色の複雑な模様をもつ
中型のゲチリス。
葉は緩やかにツイストする。

ゲチリス リネアリス
Gethyllis linealis
らせん状の葉が特徴のゲチリス属の代表種。
球根が大きくならないと葉はツイストしないが、
生長は遅い。

ゲチリス ヴィローサ
Gethyllis villosa
緩やかにツイストした葉の表面に
びっしりと微毛をまとう小型種。
種小名はその特徴どおり
"毛深い"という意味をもつ。

ハエマンサス クリスプス
Haemanthus crispus
葉の縁が強く波打つように縮れる小型の
ハエマンサス。非常に美しい花を咲かせるが、
生長は緩慢で開花には10年以上の年月が必要。

ハエマンサス ノルティエリー
Haemanthus nortieri
シャモジ状の葉を1枚だけ展開する大型の球根
植物。葉の表面から粘着質の物質を分泌してちりや
ほこりをまとい、自生地の強い日差しから身を守る。

ハエマンサス ユニフォリアツス
Haemanthus unifoliatus
ひとつの球根から1枚だけ葉を展開する中型の
ケープバルブ。葉が展開し始めたころは表面に
微毛を密にまとう。写真の個体は分球している。

ラケナリア ステイネリ
Lachenalia stayneri
個体によって程度はさまざまだが、
葉の表面にイボのような
突起が不規則にあらわれる。

マッソニア ピグマエア
Massonia pygmaea
地面に張りつくように楕円形の葉を2枚展開する
小型球根。葉の表面の粗毛と突起が特徴。

オーニソガルム コンコルディアナム
Ornithogalum concordianum
青緑色の葉をツイストさせながら伸ばす
ツイスト系ケープバルブの人気種。近年は
Albuca（アルブカ属）として分類されることもある。

オーニソガルム トルツオスム
Ornithogalum tortuosum
不規則にねじれるように葉を伸ばす
超小型球根。生長は非常に遅い。

トリトニア クリスパ
Tritonia crispa
葉が強くウエーブするアヤメ科の球根植物。
濃い赤紫色の奇妙な花を咲かせる。

ウンビリクス ルペストリス
Umbilicus rupestris
肉厚でやや杯状になった葉を展開する。
その見た目から「玉杯」という
和名が与えられている。

Ceraria
ケラリア

Data
分類	スベリヒユ科ケラリア属
原産地	南アフリカ、ナミビア
生長期	夏〜秋
根	細い
育成難易度	普通〜難しい
生長速度	遅い

南アフリカ、ナミビアに自生するスベリヒユ科の多肉植物です。属名はギリシャ語で角を意味する"keras"に由来しています。これは「ナマクエンシス」の鹿の角のような樹形から命名されたといわれています。いずれも冬季降雨地帯に自生する冬型種で、「ピグマエア」、「ナマクエンシス」など数種のみが多肉植物として栽培されています。蒸し暑さを嫌うため、日本での栽培はやや難しいところがありますが、ユニークな株姿やかわいらしい多肉質な卵形の葉をもち人気があります。

ケラリア ピグマエア
Ceraria pygmaea
ギリシャの伝説上に登場する小人族、"ピグミー"に由来した種小名をもつ冬型の小型コーデックス。極太の幹と多肉質な葉をもち、非常に人気が高い。

ケラリア ピグマエア
Ceraria pygmaea
根の部分が芋のような茶色くひび割れるコーデックス。
上部分から枝が伸び、淡い肉厚の葉をつける。
ピグマエアとは、「とても小さい」という意味。

ケラリア ナマクエンシス
Ceraria namaquensis
1.5mほどの高さに生長する。
挿し木での繁殖は難しく、一般的に接ぎ木の苗が出回っている。

Copiapoa
コピアポア

Data
分類	サボテン科コピアポア属
原産地	チリ
生長期	夏
根	細い
育成難易度	普通
生長速度	遅い

「黒王丸」の名前で流通している「シネレア」。青みがかった肌に黒いトゲをつける荒々しい印象のサボテンで、自生地はチリのアタカマ砂漠。雨期でも雨があまり降らず、年間を通して10〜30度とあまり変化がありません。海岸沿いのため海からの霧が発生し、その水分を吸収していると考えられています。日本では、日当たりと風通しのよい場所で管理します。直射日光は苦手なので真夏は遮光、または雨よけがある軒下などがおすすめです。

黒士冠
Copiapoa dealbata
「黒王丸」同様、生長が最も遅いとされる種。細長いトゲが特徴的で、強刺類と呼ばれている。

黒王丸
Copiapoa cinerea
球体表皮はとてもかたく、水分の放出を防ぐためのロウ質で覆われ、青白く見える。自生地では、ごくまれに降る雨だけで生長するため、数年単位ではほとんどサイズに変化がない。国内での栽培では、水のやりすぎで徒長させないように注意。

「黒王丸」の子吹き群生。　　　　　　　　　　　　　　　根元が木化。

コルムナアルバ(弧竜丸)
Copiapoa cinerea var. *columna alba*

「黒土冠」の群生。

「黒王丸」

コピアポアの栽培カレンダー

(月)	3	4	5	6	7	8	9	10	11	12	1	2
生長サイクル	生育	生育	生育	生育	生育緩慢	生育緩慢	生育緩慢	生育	生育	休眠	休眠	休眠
	開花	開花	開花	開花				5度以下にならないように日当たりのよい雨よけ、霜よけのある屋外、簡易フレーム				開花
置き場所	日当たりがよく風通しのよい雨よけのある屋外											
水やり		用土が乾いたらたっぷり			乾いたら3～4日後に			用土が乾いたらたっぷり		1カ月に1～2回表土が湿るくらい。霧吹きで		
肥料		薄めの液肥を1カ月に1回与える						薄めの液肥を1カ月に1回与える				
作業	植えかえ、株分け、タネまき							植えかえ、タネまき				

※関東中間地基準

Commiphora

コミフォラ

Data
分類──カンラン科コミフォラ属
原産地──アフリカ、アラビア
生長期──夏、秋
根──細い
育成難易度──普通〜難しい
生長速度──遅い

コミフォラ ミルラ
Commiphora myrrha
樹液から精製された精油は殺菌効果が高く、"ミイラ"の語源になった植物。高さ4mほどにまでなるが、生長は非常に遅い。

アフリカ大陸東側、アラビア半島に自生する灌木植物です。属名は"ゴムを産する"という意味があり、古代ギリシャ語の"kommi"(ゴム状の)と、"phoreo"(生み出す、作る)の合成語です。古くから本属の樹脂から精製された植物性ゴム樹脂を、宗教儀式などで使う没薬として利用されてきました。多肉植物というよりは樹木に近い仲間ですが、多くの多肉植物と同じような環境に自生し、種や育て方によっては幹が太ることもあり、近年人気が出てきています。根が繊細で、多肉植物ほど乾燥に耐えられないため、発根が難しい、長期間の断水に耐えられないなど、栽培にあたっては少し注意が必要です。

コミフォラ ピンネイトリーブス
Commiphora 'Pinnate leaves'
ソマリア内の自治国家、プントランドが原産地とされている未記載種。'Pinnate leaves'(羽状の葉)の通り、小さな羽状複葉が特徴。

夏型　コミフォラの栽培カレンダー

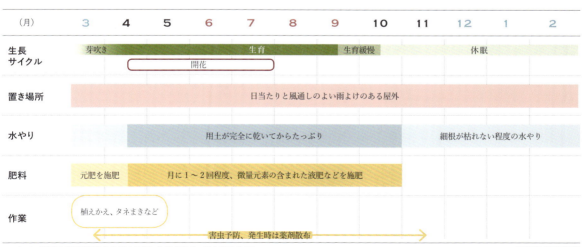

(月)	3	4	5	6	7	8	9	10	11	12	1	2
生長サイクル	芽吹き			生育				生育緩慢		休眠		
		開花										
置き場所	日当たりと風通しのよい雨よけのある屋外											
水やり			用土が完全に乾いてからたっぷり						細根が枯れない程度の水やり			
肥料	元肥を施肥		月に1〜2回程度、微量元素の含まれた液肥などを施肥								
作業	植えかえ、タネまきなど											
	害虫予防、発生時は薬剤散布 →										

※関東中間地基準

コミフォラ属は多肉植物よりも樹木に近い仲間が多く、根も細く少ない。
長期間の断水には耐えられないため、休眠期も気温を高く保ちつつ日光に当て、細根が枯れない程度に水やりする。
休眠期と生育期がはっきりしないものも多いので注意。

コミフォラ エイル
Commiphora 'Eyl'
ソマリア北部ヌガール州のエイル(Eyl)近郊に自生する学名未記載種。枝がじゅずのように隆起するユニークな特徴がある。

コミフォラ グイドッティー
Commiphora guidottii
大きな葉と太い幹が特徴のエチオピア原産のコミフォラ。高さ3〜4mほどに育つが、生長は非常に緩慢。

コミフォラ フォリアセア
Commiphora foliacea
アラビア半島が主な自生地のコミフォラ。株が小さいうちはボトル状に太りやすい。

コミフォラ クラウセリアーナ
Commiphora kraeuseliana
ナミビアに自生する希少種。コミフォラらしからぬ繊細な葉が特徴。

コミフォラ フンベルティ
Commiphora humbertii
マダガスカル産。株が小さいうちはさまざまな樹形となる。

コミフォラ ボラネンシス
Commiphora boranensis
エチオピア、ケニア、ソマリアの極乾燥地帯に自生する。円筒形の幹と赤黒い表皮をもつ。

コミフォラ ターカネンシス
Commiphora kataf var. *turkanensis*
「カタフ」の変種とされる。「カタフ」より表皮が薄く、葉の形状に相違がある。大木に育つ。

コミフォラ トゥリアラ
Commiphora tulear
マダガスカル南部のトゥリアラ州周辺が採集地となっている品種。

コミフォラ アフリカーナ
Commiphora africana
アフリカ全土に自生するコミフォラ。材木や家畜の飼料としても有用。幹はスモーキーグリーン。

コミフォラ カタフ
Commiphora kataf
純白の表皮で知られるコミフォラの人気種。生長は遅い。ソマリア産の小型種。

コミフォラ PV2590
Commiphora sp. nov. PV2590
幹の白さが特徴だが、品種名は特定されず、産地番号の「PV2590」で流通している。

コミフォラ モンストローサ
Commiphora monstrosa
マダガスカル原産。かつてはオペルクリカリア属とされていた。生長に伴い細い枝が垂れ下がる。

コミフォラ ドレイクブロックマニー
Commiphora drake-brockmanii
ソマリア産の希少種。太い幹と枝、白い表皮が特徴。

コミフォラ シンプリキフォリア
Commiphora simplicifolia
鋭いトゲを全身にまとうマダガスカル産のコミフォラ。

Sarcocaulon (Monsonia)

サルコカウロン（モンソニア）

Data
分類 ───── フウロソウ科
　　　　　　サルコカウロン属
原産地 ── 南アフリカ、ナミビア
生長期 ── 秋（一部の種は夏）
根 ─────────────── 細い
育成難易度 ── 普通〜難しい
生長速度 ───── 遅い〜普通

サルコカウロン ムルチフィズム
Sarcocaulon multifidum
太い茎から微毛の生えた細い葉を伸ばす小型種。トゲがなく花も美しいため人気がある。

ギリシャ語で"みずみずしい"を意味する"sarkos"と、"caulon"（茎）という意味をもつサルコカウロン。極乾燥地に自生するフウロソウ科植物です。一部の種を除き、南アフリカやナミビアの冬季降雨地帯に自生します。自生地の強い日差しや乾燥、砂嵐などから身を守るため、かたく厚いワックス質の表皮で覆われています。先住民の間では本種の幹をたき火やたいまつ代わりに利用していたため、英語圏では"ブッシュマンキャドル"という総称で呼ばれています。太い茎や鋭いトゲが特徴ですが、繊細な造形の葉や美しい花を咲かせます。根張りが弱く、蒸し暑さも嫌うため栽培には注意が必要です。

冬型　サルコカウロンの栽培カレンダー

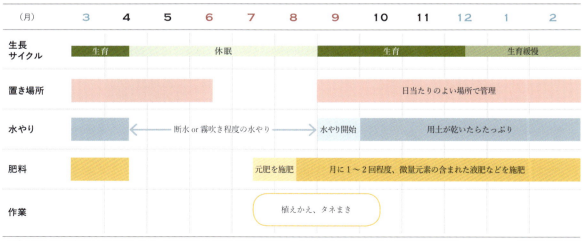

日光が不足すると枝が細く伸びやすいため、年間を通して日光と通風を確保する。サルコカウロンは輸入後すぐに葉や花を展開し、一見すると活着したように見える場合が多いが、活着しないまま株の体力だけで数年は生きながらえている場合があるため注意。

※関東中間地基準

サルコカウロン ヘレー
Sarcocaulon herre
鋭く長いトゲとやわらかい雰囲気の葉が特徴。日本では上に向かって伸びやすいため注意して育てる。

サルコカウロン パターソニー
Sarcocaulon patersonii
ベージュの幹から小さな倒卵形の葉を展開する。薄ピンクの花を咲かせる。

サルコカウロン クラシカウレ
Sarcocaulon crassicaule
縮れた葉をもつサルコカウロン属の普及種。クリーム色の花を咲かせる。

Sanseviera
サンセベリア

Data
分類 ── スズラン亜科(キジカクシ科)サンセベリア属
原産地 ── アフリカ
生長期 ── 夏、春〜秋
根 ── 普通
育成難易度 ── 普通
生長速度 ── 普通〜速い

アフリカの乾燥地帯に自生するサンセベリア。大型の種は観葉植物として人気ですが、乾燥した環境に自生する小型の種は、多肉植物に分類されます。生長期は春から秋で、屋外の風通しがよい場所を好みます。真夏の直射日光が当たると葉やけを起こすことがあるので、明るい半日陰に置くか寒冷紗で光を弱めてあげましょう。寒さには弱いので、気温が15度を下回る11月中旬以降は室内の窓辺などに移動します。

サンセベリア バキュラリス ミカド
Sanseviera bacularis 'Mikado'
別名、「ツツチトセラン」。「ミカド」とも呼ばれ細く伸びた棒状の葉が特徴で、「ストレリチア ノンリーフ」「タッキー」と極似した品種名。強健で育てやすい。

Stapelia

スタペリア

Data
分類────ガガイモ科スタペリア属
原産地────全世界の熱帯地域
生長期────夏
根────細い
育成難易度────普通〜難しい
生長速度────普通〜速い

スタペリア グランディフローラ
Stapelia grandiflora
トゲはなく30cmほどに生長し.手のひらほどの大きな紫色の花を咲かせる。

　アフリカやアジア、中南米に自生する属で、キョウチクトウ科またはガガイモ科に分類されます。四角い柱状の茎にヒトデのような形で、匂いの強い花を咲かせるのが特徴で、自生地では岩山や荒れ地など乾燥した環境に生育します。真夏の蒸し暑さを嫌い、春から秋の生育期は日当たりがよく雨よけのある場所で管理しましょう。

Sedum
セダム

Data
分類	ベンケイソウ科セダム属
原産地	北半球の温帯〜熱帯
生長期	春〜秋
根	細い
育成難易度	普通
生長速度	速い

セダム スアベオレンス
Sedum suaveolens
エケベリアのようなロゼット状の葉をもった美しいセダム。パウダーブルーで比較的大きくなりやすい品種。

オーロラ(虹の玉 斑入り)
Sedum rubrotinctum 'Aurora'
「虹の玉」より色が全体的に淡く、筋模様が入る。斑入りで葉緑素が薄いわりにはよく生長する。

玉つづり(ブリトー)
Sedum burrito
年間を通して葉の色はあまり変わらず、ある程度伸びると垂れ下がる。

カシミヤ
Sedum mocinianum
カシミヤを思わせる長い産毛が葉を覆う。マウンド状に群生するのが特徴。

ラテン語で"座る"が語源といわれるセダム。世界中に分布していて、乾燥した岩場や日照が十分な崖面などに自生しています。

生育期の春と秋は日当たりと風通しのよい場所で管理します。高温多湿は苦手なので、梅雨から夏は雨よけのある半日陰が最適です。寒さには強く、関東平野部以西なら屋外で越冬可能ですが、雪や霜の時期は寒さに弱いので室内に移動しましょう。

小さな多肉質の葉が愛らしく、寄せ植え材料としても人気が高い仲間です。生育期にしっかりと光に当てることで秋冬には紅葉も楽しめます。

Senna

センナ

Data
- 分類 ── マメ科センナ属
- 原産地 ── 全世界の熱帯、温帯地域
- 生長期 ── 夏
- 根 ── 細い
- 育成難易度 ── 普通
- 生長速度 ── 普通

センナ メリディオナリス
Senna meridionalis
幹や枝が太り、高さ3mほどまで生長する。自然樹形では枝が長く伸びるので、剪定を繰り返し詰まった株姿に育てるとよい。

葉と種鞘に毒性をもつマメ科植物を指す、アラビア語の"sana"に由来した属名をもつセンナ属。全世界の熱帯・温帯地域に自生しています。形状は小木から大木までさまざまで、造園樹や食用、薬用としていろいろな用途に用いられていますが、多肉植物として栽培されるのは主にマダガスカル原産の「メリディオナリス」のみです。

Cycas
サイカス／ソテツ類

Data
分類	多種に分かれる
原産地	アフリカ、オーストラリア、中国など
生長期	夏、春〜秋
根	太い
育成難易度	普通〜容易
生長速度	遅い

エンセファラルトス ホリダス
Encephalartos horridus
ザミア科オニソテツ属。原産地は南アフリカ。地中にはパイナップル型の幹があり、ワックスに覆われた葉は青く、鋭くかたいトゲをもつ。乾燥と日光を好み寒暖差にも強く、栽培管理は比較的簡単だが、輸入規制、販売譲渡にも制限があるため、環境相への申請許可が必要。

ソテツ類は、熱帯、亜熱帯地域に広く分布。古生代から地球上で繁茂したとても原始的な裸子植物で、生きている化石とも呼ばれます。

ソテツの仲間は、日本で古くから園芸種として親しまれてきましたが、ソテツ科ソテツ属、ザミア科ザミア属、マクロザミア属、オニソテツ属など、数々の品種が存在し3科11属300種もあります。しかし、現在ではそのすべてがCITES（ワシントン条約）輸出入規制の対象となっています。

ソテツ類は、非常に生長が遅く、雌雄異株。数年に一度、花（コーン）をつけると雌雄の区別がつきます。繁殖は株元につく「かき子（子株）」による株分けで行います。

サイカス カイルンシアナ(3頭)
Cycas cairnsiana
波打つブルー系の葉が美しいオーストラリア原産の品種。
比較的に耐寒性はあるが庭植えは難しい。

サイカス パンジファエンシス
Cycas panzhihuaensis
中国四川省、雲南省の標高の高い地域に自生する種。
耐寒性があり温暖な地域では庭植えもできる。

サイカスの栽培カレンダー

(月)	3	4	5	6	7	8	9	10	11	12	1	2
生長サイクル	休眠	開花				生育			生育緩慢	休眠		
置き場所				日当たりと風通しのよい雨よけのある屋外								
水やり	3月中旬以降、控えめに水やり再開			用土が完全に乾いてからたっぷり					控えめに	月1回ほど軽めに		
肥料			薄めの液肥を1カ月に1回与える									
作業				植えかえ、剪定								

※関東中間地基準

サイカス カイルンシアナ
Cycas cairnsiana
オーストラリアのクイーンズランド州原産の青白い葉をもつ人気種。葉の表面にある細かい毛(トリコーム)が光を反射して美しい。

サイカス ソウアルシー(マダガスカルソテツ)
Cycas thouarsii
マダガスカル原産のソテツ。幹が細く長めの葉を展開し、現地では4mにもなる。

サイカス カイルンシアナ(2頭)
Cycas cairnsiana
オーストラリア原産。ブルー葉のツイン(2頭)は希少。5度以上キープすると安心。

エンセファラルトス ラナタス
Encephalartos lanatus
「ホリダス」と同じ、南アフリカ原産のオニソテツ(エンセファラルトス)。毛深い幹に産毛をまとった細いブルー葉が美しい。

レピドザミア ペロフスキアーナ(ホソバウロコザミア)
Lepidozamia peroffskyana
葉は広く、光沢のある優雅な葉を展開し、葉の跡がウロコのように残る。世界最高の高さになるといわれる、オーストラリア原産種。

サイカス アングラータ
Cycas angulata
新芽は黄緑だが、生長すると葉の色が美しいブルー系になっていく。「カイルンシアナ」に比べ葉は上のほうを向く。

サイカス ザミア フロリダーナ
Cycas Zamia Floridana
アメリカ、メキシコを中心に約40種ほど存在し、「フロリダソテツ」とも呼ぶ。葉がやわらかく手触りがよい。比較的生長が遅く、寒さにも弱い。

サイカス タイ シルバー
Cycas sp. *Thai Silver*
タイ西部山岳地帯、冷涼な地域に自生する種。自生地のタイでは、採取禁止・持ち出し禁止となっている。

斑入り
突然変異としてあらわれる貴重な変種。柄の比率や美しさから価値が大きく変動する。

脇から子株が出ている。

サイカス レボルタ
Cycas revoluta
「レボルタ」は日本での自生が確認できる唯一のソテツ。鹿児島から沖縄諸島、台湾やインドネシアなど自生している。

サイカス ディオーン エデュレ
Cycas Dioon edule
新芽展開時の美しさが魅力。メキシコ原産だが、とても耐寒性が高く国内での地植えが可能な品種。密で幅広、羽状複葉の並びが魅力。地域によってさまざまな変種が存在する。

Tylecodon
チレコドン

Data
分類　———　ベンケイソウ科チレコドン属
原産地　———　南アフリカ、ナミビア
生長期　———　秋、春
根　———　細い
育成難易度　———　普通～難しい
生長速度　———　遅い～普通

ベンケイソウ科に属するチレコドン属は冬型コーデックスの代表種です。属名は"釣り鐘状の突起"という意味があり、古代ギリシャ語の"tylos"（突起）と"-codon"（ベル状の、釣り鐘）の合成語です。生長しても直径数センチほどの超小型種から、高さ1mを超す大きさにまで育つ種など形態もさまざまです。いずれの種も葉が枯れ落ちた後、長い花茎を伸ばしベル状の小さな花を鈴なりに咲かせます。

日本でも古くから栽培されており、「万物想」や「奇峰錦」など、さまざまな和名も与えられています。蒸し暑さを嫌い、日光を好むため、夏は適度に遮光した風通しのよい場所で管理し、生育期はよく日光に当てて育ててください。休眠期の夏は断水ぎみにしますが、月に数回、少量の水を与えると細根が枯れず、休眠明けの立ち上がりがよくなります。

チレコドン レティキュラーツス
Tylecodon reticulatus
「万物想」の和名で親しまれているチレコドンの代表種。
花柄が細い網目状に永続的に残り続けるため、
古株ほど面白い姿となる。

チレコドン ペアルソニー
Tylecodon pearsonii
壺形の幹と多肉質な円筒形の葉が特徴の人気種。生長は非常に遅い。

チレコドン ワリチー
Tylecodon wallichii
葉の枯れ落ちた後が突起となり、残り続ける奇妙な株姿が特徴。分岐しながら上に向かって伸びる。

チレコドン ブックホルジアヌス
Tylecodon buchholzianus
光沢のあるなめらかな質感の茎が特徴。枝は非常にやわらかく折れやすいので取り扱いには注意が必要。

チレコドンの栽培カレンダー

(月)	3	4	5	6	7	8	9	10	11	12	1	2
生長サイクル	生育緩慢		休眠				生育				生育緩慢	
		開花										
置き場所			涼しい場所で管理				日当たりのよい場所で管理					
			遮光									
水やり			断水 or 霧吹き程度の水やり				水やり開始	用土が乾いたらたっぷり				
肥料							元肥を施肥	月に1〜2回程度、微量元素の含まれた液肥などを施肥				
作業				植えかえ、タネまきなど								

小型の塊根を有した種は枝が伸びやすいため、生育期は日光によく当てて管理する。落葉後の休眠期に開花する場合が多く、花を旺盛に咲かせている場合は根腐れしないよう、注意しながら水やりすると株の体力の消耗が少ない。耐寒性はないので、冬期は暖かくする。

※関東中間地基準

Dioscorea
ディオスコレア／亀甲竜

Data
分類　　　　　ヤマノイモ科ディオスコレア属
原産地　　　　全世界の熱帯、温帯
生長期　　　　種により異なる
根　　　　　　細い
育成難易度　　普通
生長速度　　　普通

| ディオスコレア エレファンティペス
Dioscorea elephantipes
「亀甲竜」の和名で知られるディオスコレアを代表する大人気種。生長すると塊根がひび割れ、亀の甲羅のようになる。

古代ギリシャの植物学者、ペダニウス・ディオスコリデスにちなんで名付けられたヤマノイモ科のコーデックスです。世界中の熱帯、亜熱帯地域に自生しており、多くの種は食用として利用されていますが、姿形の面白い一部の種が園芸用に栽培されています。自生する環境も多岐にわたりますが、コーデックスとして栽培される種は乾燥した荒れ地や、サバンナのような草原に自生しています。いずれの種も自生地では塊根は地中にほとんどが埋まっているため、塊根は強い日光に長時間当てず、つるや葉で覆うようにして管理しましょう。

亀甲の生長プロセス

茎の表面は、生長とともに木化するが、塊根の割れ目が浅いタイプ（浅裂：せんれつ）と深いタイプ（深裂：しんれつ）がある。遺伝子による個体差で、栽培方法や環境ではないようだ。

大きくなると底面がくぼみ、周辺から発根。休眠期には、根のほとんどが枯れて生きているのは塊根だけになる。休眠期に底面に湿気があると障害を起こしやすい。

冬型　ディオスコレアの栽培カレンダー

（月）	3	4	5	6	7	8	9	10	11	12	1	2
生長サイクル	休眠	休眠	休眠	休眠	休眠	芽吹き	生育	生育	生育	生育緩慢	生育緩慢	生育緩慢
置き場所	涼しい場所で管理／遮光	涼しい場所で管理／遮光	涼しい場所で管理／遮光	涼しい場所で管理／遮光	涼しい場所で管理／遮光	日当たりがよく風通しのよい雨よけのある屋外	日当たりがよく風通しのよい雨よけのある屋外	日当たりがよく風通しのよい雨よけのある屋外	日当たりがよく風通しのよい雨よけのある屋外（5度以下になる場合は簡易フレームや室内の窓辺に取り込む）	日当たりがよく風通しのよい雨よけのある屋外（5度以下になる場合は簡易フレームや室内の窓辺に取り込む）	日当たりがよく風通しのよい雨よけのある屋外（5度以下になる場合は簡易フレームや室内の窓辺に取り込む）	日当たりがよく風通しのよい雨よけのある屋外（5度以下になる場合は簡易フレームや室内の窓辺に取り込む）
水やり	断水 or 霧吹き程度の水やり	断水 or 霧吹き程度の水やり	断水 or 霧吹き程度の水やり	断水 or 霧吹き程度の水やり	断水 or 霧吹き程度の水やり	水やり開始	用土が乾いたらたっぷり	用土が乾いたらたっぷり	用土が乾いたらたっぷり	用土が乾いたらたっぷり	用土が乾いたらたっぷり	用土が乾いたらたっぷり
肥料						元肥を施肥	月に1〜2回程度、微量元素の含まれた液肥などを施肥	月に1〜2回程度、微量元素の含まれた液肥などを施肥	月に1〜2回程度、微量元素の含まれた液肥などを施肥	月に1〜2回程度、微量元素の含まれた液肥などを施肥		
作業					植えかえ、タネまきなど	植えかえ、タネまきなど						

「亀甲竜」は涼しい季節を好む冬型種とされるが、一般的な冬型コーデックスよりも時期的に早く目覚め、早く休眠する。盛夏に目覚める場合もあるが、高温期の水やりは株が腐敗しやすいため、涼しい日や時間帯に行う。

※関東中間地基準

Delonix

デロニクス

Data
分類 ―― マメ科ホウオウボク属
原産地 ―― アフリカ大陸東部、マダガスカル
生長期 ―― 夏
根 ―― 細い
育成難易度 ―― 普通～容易
生長速度 ―― 遅い～普通

デロニクス プミラ
Delonix pumila
マダガスカルに自生する灌木コーデックス。
太い幹や枝とマメ科らしい丸い葉が特徴。

マメ科に属するデロニクスはアフリカ大陸東部、マダガスカルに分布しています。

属名は本属の長い爪のような花弁の形状から、ギリシャ語の"delos"(目立つ)と"onux"(爪)を合わせた意味となります。

大型になる種もいますが、コーデックスとして栽培されるのは低木や塊茎の形態をした種になります。いずれも熱帯の乾燥地帯に自生しているため、年間を通して日光によく当て、生育期は十分に水を与えましょう。

デロニクス ミクロフィラ
Delonix microphylla
地中に埋まった塊茎から長い茎を伸ばす塊茎種。

デロニクス アダンソニオイデス
Delonix adansonioides
Adansonia(バオバブ)に似た樹形をしている。近年は「デカリー」のシノニム(同種異名)として統合された。

Dendrosicyos
デンドロシキオス

Data	
分類	ウリ科デンドロシキオス属
原産地	イエメン(ソコトラ島)
生長期	夏
根	細い
育成難易度	難しい
生長速度	普通

デンドロシキオス属に分類されている種は、ソコトラ島に自生する「ソコトラーナ」1種のみ。自生地の環境は強烈な太陽が照りつける石灰岩のやせた土地。ウリ科らしい切れ込みの入った葉をつけ、唯一木になるので「キュウリの木 Cucumbertree」と呼ばれています。「ソコトラーナ」は、年間を通して直射日光が当たる場所で管理します。日照が不足すると幹や枝が徒長し、さらに日照不足が長期間にわたると根腐れを起こす可能性も。また風通しが悪い場所では蒸れやすくなり、コナカイガラムシなどの害虫や病気が発生しやすくなるのでかならず風通しも確保してください。寒さには非常に弱く、冬は最低気温15度以上は必要です。休眠中に鉢内の温度を上げると耐寒性が増すので、なるべく日光に当てるのがおすすめ。夏は屋外の長時間日光の当たる場所で管理し、冬は温室または室内の最も暖かい場所で管理しましょう。

デンドロシキオス ソコトラーナ
Dendrosicyos socotrana
属中1種のみの珍奇種。
冬季の管理が難しいため流通はまれ。

Dorstenia

ドルステニア

Data
分類　　　　クワ科ドルステニア属
原産地　　　世界中の熱帯、
　　　　　　亜熱帯地域
生長期　　　　　　　春〜秋
根　　　　　　　細い〜普通
育成難易度　　　容易〜難しい
生長速度　　　　普通〜速い

ドルステニア ギガス
Dorstenia gigas
ソコトラ島に自生する大型種。岸壁に自生し日光を好む。年月を経た株は見事な壺型の樹形に育つ。寒さに弱い。

属名であるドルステニアはドイツの植物学者、テオドール・ドルステン博士の名から命名されました。世界中の熱帯、亜熱帯地域に自生していますが、コーデックスとして栽培される種の多くはアフリカ大陸東部、アラビア半島の乾燥地帯に自生しています。自生環境も多様で、低木林や岩場の日陰、峡谷の岩の割れ目、極度の乾燥地帯などさまざま。「ギガス」や「ギプソフィラ」など直射日光を好む種もありますが、森林などに自生する塊茎種などは強い日光を嫌います。ドルステニア属はクモやヒトデのような変わった形状の花を咲かせます。多くの種は自家結実性があり、いつの間にかタネが拡散され繁殖していることもあります。

ドルステニア ギプソフィラ
Dorstenia gypsophila
ソマリアの極乾燥地に自生する希少種。古木は2mを超える大きさに育つが、生長は非常に遅い。

ドルステニア フォエチダ
Dorstenia foetida
ドルステニアの代表種。さまざまな樹形に育つ。性質も丈夫で、自家受粉したタネからよくふえる。

ドルステニアの栽培カレンダー

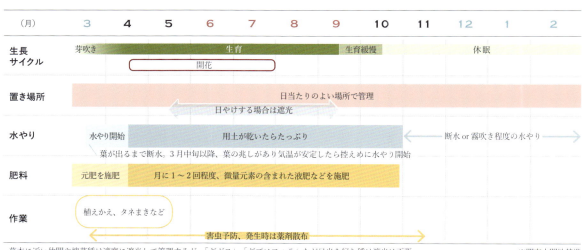

草本に近い仲間や塊茎種は適度に遮光して管理するが、「ギガス」、「ギプソフィラ」など日光を好む種は遮光は不要。　　　　　※関東中間地基準

Adansonia
バオバブ

Data
- 分類————パンヤ科アダンソニア属
- 原産地————マダガスカル、アフリカ、オーストラリア
- 生長期————春～秋
- 根————普通
- 育成難易度————普通
- 生長速度————普通

バオバブの名はスワヒリ語名に由来し、アダンソニア属植物の総称。マダガスカルに6種、アフリカ南部やオーストラリアに2種が知られ、樹齢1000年を超え巨木バオバブが存在します。

アフリカの先住民はバオバブを多目的に利用。酸味のある果肉が清涼飲料水に用いられるほか、若葉は食用、種子は食用・薬用、樹皮は繊維料として利用されています。

バオバブ ディギタータ
Adansonia digitata
アフリカ原産の種。幹の太い独特な樹形の落葉高木で、その姿は逆さまに植えられたニンジンと形容される。樹高18m、幹の直径9mに達し、樹齢2000年と推定される巨木も知られ、『星の王子さま』のバオバブのモデル。

A.digitata

Haworthia
ハオルチア

Data
分類 ── ツルボラン科ハオルチア属
原産地 ── 南アフリカ
生長期 ── 秋～春
根 ── 普通
育成難易度 ── 普通～難しい
生長速度 ── 普通

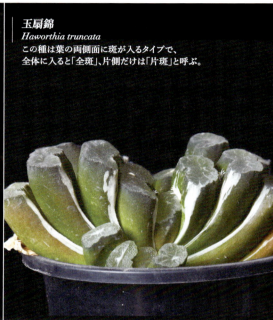

玉扇錦
Haworthia truncata
この種は葉の両側面に斑が入るタイプで、全体に入ると「全斑」、片側だけは「片斑」と呼ぶ。

ハオルチアは南アフリカだけに自生します。さまざまな特徴の葉がありますが、大きく分けると軟葉系と硬葉系のふたつ。軟葉系で人気の「窓」をもつ種は、自生地では乾燥した砂や土に半分埋もれたり、岩の下に隠れるように生えているため光を取り込むために進化しました。

　年間を通して日当たりと風通しのよい場所が適しますが、直射日光が当たる場合は、半日陰の場所に移動したり、寒冷紗などで少し遮光すると葉やけせずに育ちます。冬は5度以下でなければ、屋外管理のままでも大丈夫。ベランダなどの栽培でも、霜に当たらないよう簡易フレームなどに入れて管理しましょう。

万象大黒系の実生選抜種
Haworthia maughanii
窓の中に、細かなモザイク柄が入った新品種。名称は未定。

玉扇 大久保ブルーレンズ
Haworthia truncata
窓が透明感のある青色になる。大型で大窓になるタイプ。

ハオルチア コンゲスタ
Haworthia truncata 'Congesta'
「玉扇コンゲスタ」とも呼ぶ。丸窓で小型のものがコンゲスタ型。

隈取
Haworthia picta 'Kumadori'
窓と呼ばれる葉先に、緑の模様が入る。

万象天空の虹
Haworthia maughanii
半透明の窓には、白く繊細な模様が入り、独特の雰囲気になる。以前は「オーロラ」と呼ばれていたが、現在は「天空」。

秋春型　ハオルチアの栽培カレンダー

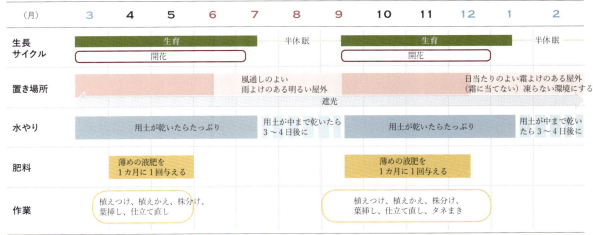

生育期は空中湿度を高くして、20〜30度だと生育が速い。

※関東中間地基準

紫クーペリー
Haworthia cooperi
「クーペリー」の中でも珍しい。葉が紫色に染まる品種。以前は「オブツーサ」と呼ばれていた。

ドドソン超巨大窓クーペリー
Haworthia cooperi
紫色系で大窓の品種。大粒で青光りする。

ハオルチア ピグマエア
Haworthia pygmaea
葉の表面は細かな微点に覆われ、葉が短いタイプの交配種。

白盛殿
Haworthia picta 'Hakuseiden'
葉の表面全体に微点がつき、白く見える。

ハオルチア ピクタ
Haworthia picta
三角形の窓を広げるレツーサ系。窓に白いスポットがあり、タンカラーに色づくのが特徴。

ハオルチア ギガス
Haworthia gigas
ドドソン氏コレクションの中の一品種。白いノギの目立つタイプ。

ハオルチア ホワイトエンジェル
Haworthia 'White Angel'
オーロラのような羽毛のような白線。

ハオルチア レセンディアナ
Haworthia resendeana
硬質葉系で紫の肌。

ハオルチア ビスコーサ(濃黄斑)
Haworthia viscosa
硬質葉系。塔状。和名は「竜城」。

ハオルチア アトロフスカ ミュータント
Haworthia atrofusca mutant
「アストロフスカ」の葉変わり品種。

ハオルチア コンプトニア
Haworthia comptonia
網目のような葉の模様がとても美しい品種。

裏般若
Haworthia comptoniana 'Ura Han-nya'
葉の裏にも透明部分があり、
葉変わりで出た品種。

ハオルチア スノーレオパード
Haworthia 'Snow Leopard'
葉に表面にガラス質の粒。裏に
丸い窓があるため表面が光って美しい。

バディア 白鳳
Haworthia badia 'Hakuho'
株が充実すると窓に明瞭な白い濁り(白雲)が入る。

ハオルチア バディア
Haworthia badia
三角形の窓を開けるレツーサ系のハオルチア原種の
ひとつ。尖った葉先、茶褐色に色づくのが特徴。

ハオルチア ニグラ(変種)
Haworthia nigra
多くの変化種がある。

十二ノ巻
Haworthia attenuata
しま模様でかたい葉の「硬葉系」の種類。
普及種で、比較的丈夫で育てやすい。

白蝶
Haworthia attenuata
「十二ノ巻」よりも、のり斑が入る種。

Pachypodium
パキポディウム

Data
分類	キョウチクトウ科パキポディウム属
原産地	マダガスカル、アフリカ南部
生長期	夏
根	細い〜普通
育成難易度	容易〜難しい
生長速度	普通〜速い

パキポディウム マカイエンセ
Pachypodium makayense
太い枝をいくつも出す株姿と、黄色い花の中心が白くなる特徴がある。2004年に新種として記載された。

コーデックスの中でも特に人気のあるキョウチクトウ科のコーデックス、パキポディウム。ギリシャ語で"太い"を意味する"pachys"と、"足"という意味の"podos"を組み合わせた言葉で、本属の株姿をそのままあらわしています。アフリカ南部にも数種のみ自生していますが、その多くはマダガスカルが原産地です。丘陵の岩場や乾燥した平原などに自生しており、日光を非常に好みます。温室内で栽培された株などは直射日光に当てると一時的に葉がやける場合がありますが、日光に徐々に慣らし、可能なかぎり屋外で直射日光に当てて育てましょう。少なめの用土、乾きやすい鉢を用いている場合、生育期は屋外で雨ざらしにして育てたほうが調子よく育ちます。気温が下がり落葉が始まったら徐々に水やりの回数を減らし、翌シーズンに芽吹くまでは断水します。休眠中もよく日光に当てることが必要。

| パキポディウム ウィンゾリー
Pachypodium baronii var. *windsorii*
マダガスカル最北部に自生する赤花種。幹が丸く育ちやすく、花も美しいため非常に人気がある。

| パキポディウム ブレビカウレ
Pachypodium brevicaule
やや高地に自生し、独特の株姿が特徴。「恵比寿笑い」の和名で古くから親しまれている。

パキポディウムの栽培カレンダー

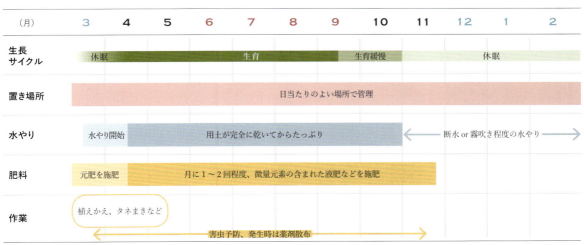

(月)	3	4	5	6	7	8	9	10	11	12	1	2
生長サイクル	休眠	生育	生育	生育	生育	生育	生育	生育緩慢	生育緩慢	休眠	休眠	休眠
置き場所		日当たりのよい場所で管理										
水やり	水やり開始	用土が完全に乾いてからたっぷり							断水 or 霧吹き程度の水やり			
肥料	元肥を施肥	月に1～2回程度、微量元素の含まれた液肥などを施肥										
作業	植えかえ、タネまきなど											
	← 害虫予防、発生時は薬剤散布 →											

夏の西日や直射日光下では一時的に日やけする場合もあるが、長時間直射日光下で管理すると形よく育ちやすい。
しっかり活着した株であれば、生育期は直射日光下で雨ざらしで育てると丈夫に育つ。
冬期は断水し、5度以下にはしない。よく日に当てること。

※関東中間地基準

パキポディウム ラメリー
Pachypodium lamerei
びっしり生えたトゲと細い葉が特徴の柱状種。
生長も早く、性質も丈夫なため入門種として最適。

パキポディウム ナマクアナム
Pachypodium namaquanum
「光堂」の和名をもつナミビア原産の美種。自根による栽培は難しく、
パキポディウムの中で唯一の春秋型。

パキポディウム イノピナーツム
Pachypodium rosulatum var. *inopinatum*
高山性の白花種。細い葉と白い幹肌が特徴。

パキポディウム アンボンゲンセ
Pachypodium ambongense
強いトゲを全身から生やす白花の希少種。野生環境下では
一時絶滅したとされたが再発見された。

パキポディウム タッキー
Pachypodium 'Tackyi'
日本で作出された園芸種。トゲが弱く、濃い緑色の強く縮れた厚い葉が特徴。

パキポディウム バロニー
Pachypodium baronii
赤花の大型種。株が小さいうちは柱状だが生長に伴い壺のような樹形となる。夏期に水がきれると倒れる。

パキポディウム デカリー
Pachypodium decaryi
同じキョウチクトウ科のアデニウムにも似た姿をした、トゲを全くもたない異色のパキポディウム。花は白色。

パキポディウム エブルネウム
Pachypodium eburneum
ずんぐりした樹形が特徴の小型種。
ラテン語で花の色に準ずる"アイボリー色の"
という意味の種小名をもつ。

パキポディウム カクチペス
Pachypodium cactipes
"cactipes"は、ラテン語で
"サボテンのような足"という意味。
自生地では、枝を広げ1.5mほどにも
生長する。花は、鮮やかなレモンイエロー。

マダガスカルから塊根を輸入して12年の達人、
栗原東五氏が語る発根技術

現地球が発根するまで

コーデックス自生地への旅

　2006年10月、成田から香港を経由して首都アンタナナリボの空港へ降りたつ。栗原氏は2度目のマダガスカルだ。
　10月は南半球では早春。しかし、肌を刺すような紫外線は日本では感じることのない日差しだ。
　20代からサボテンや多肉植物に魅せられて、アメリカやメキシコから輸入していたが、誰もコーデックスには注目していなかったころの話だ。
　コーデックスを販売するようになったのは2008年ごろ。これまでに3回マダガスカルへ渡っている栗原氏。「子どものころから日本サボテン大会に参加していたから、パキポディウムのグラキリウスと『恵比寿笑い』は見たことがあって、変な形の植物があるもんだなと思ったんだよ。グラキリウスなんて急須から枝が生えた珍妙な形、あんなのほかに見たことがなかった」と振り返る。
　最初の旅ではマダガスカル特有の動植物を見学する旅程が組まれていたが、バオバブやパキポディウム ラメリーくらいで、グラキリウスの自生地を見ることはかなわなかった。グラキリウスは自生地域も限られていて、観光客の巡行では困難な場所。市街地で鉢植えになったものを見るだけだった。
　その後、2度目の旅では、多肉植物やコーデックスを扱うナーセリーと知り合い、買い付けを始めることとなった。

広大なマダガスカルの気候

　マダガスカルは南北に長く、面積は日本の約1.5倍、地域ごとに気候が大きく異なることが特徴だ。最も高温となり乾期と雨期が明確な北部、乾期と雨期の温度差が大きい南部、貿易風が吹きつける内陸部から東側は湿り気が強く、アフリカ大陸と向かい合う西側は乾燥地帯となる。この気候の違いが固有種を含む多様な植物を育んでいるのだ。グラキリウスなどのコーデックスは、南西部の乾燥した地域に限られている。

アンタナナリボ

島の南西部は乾燥地帯で、グラキリウスの自生地。イサロ国立公園では、保護されている大株を見ることができる。

採取された抜き苗は、ナーセリーに集めて管理される。日よけもないので、株が発根するよりも、塊根に蓄えた水分の損失が心配になる。

栗原東五

千葉県四街道市にある「サボテンオークション日本」は、現在日本で最も多くのマダガスカル植物を栽培するナーセリー。少年期にサボテンに魅せられ2002年に同社を創業。グラキリウスなどの発根株、実生栽培もしている。

パキポディウム グラキリウスなど数種を現地ナーセリーで買い付けた

　グラキリウスは南西部の丘陵地帯の岩場に自生する。見上げるよう岩の隙間にとりつくように育っていて、その根は水分を求めて数メートルも伸びていることだろう。それを集める現地の人々は、岩場を探し歩いて、抜きとるのではなく根元から切ってしまう。少しでも根を残すことが、その後の管理に有益だと考えるが、それを残して採取することは不可能だと感じるくらい険しく過酷な場所だった。

　現地の人々は、このような多肉植物を集めてナーセリーに持ち込む。1株の値段がいくらになるのか、想像以上に安い値段に違いないが、彼らにとっては数少ない現金収入なのだ。

　買い付けに訪れたナーセリーには、乾いた赤土の表土に株が無造作に植えられていた。日よけも、灌水の設備もない。この環境で株が生長するのかと不安になるような場所だった。

　海外からのバイヤーは、ここで買い付けを行い、直後には海外輸出のためのパーミッション（輸出許可証）をもらって、航空便で発送してもらうわけだ。

マダガスカルから初めてのコーデックスが到着

　マダガスカルからの荷物はトルコ経由で、3〜4日後に成田に届き、日本の検疫を通過すると配送業者が運んできてくれる。

　最初の荷物は、10個ほどの段ボール箱だった。中には、グラキリウスなど5〜6種のコーデックスが入っていた。

　しかし、開封して梱包を確認して驚いた。

　中は新聞紙にくるんで無造作に詰め込んだ様子だった。現地の段ボール箱は質も悪く、日本のようにかたくはないので、搬送中につぶれかかっていた。

　残念ながら、塊根についている枝は無残に折れ、半分くらいの株が傷ついてしまっていた。待ちに待ったマダガスカルからの「コーデックス第一便」は、惨憺（さんたん）たる状況だった。

　その後は、梱包の方法や箱の形状まで指示し、1株ずつていねいに新聞紙に包んだあと、ウレタンを緩衝材として挟むようにして、しっかり管理されてからは無傷で無事に届くようになった。

日本での発根管理と栽培について

届いたものは、発根はしていない。

いつごろに採取されたものか、その後にどんな管理があったのか、株ごとに差があるように見えた。つまり根のない「抜き苗」を日本で発根させて販売するということになる。

いまでは、コーデックスの裸苗が流通することも珍しくないが、マダガスカルの塊根を初心者が発根させることは容易ではないのだ。

マダガスカルからの直輸入ができなかった時代には、欧州のナーセリーが発根させた株を輸入していたので、日本での栽培管理も難しくなかった。

栗原氏は、コーデックスの発根も、それまでやっていたメキシコなどからの輸入サボテンとほぼいっしょだと考えた。

異なる点は、サボテンは最低温度がマイナス3度くらいまで耐えるが、マダガスカル植物の場合は最低5度まで。この温度管理に神経を使ったが、それほど難しいものではなかった。

根も葉も出ていない塊根だが、根がしっかり出るまでは、温度管理だけでなく、光が大切だということだ。コーデックスは、肥大した茎の表皮でも光合成を行う。光が当たることで、生成が活発になるのだろう。

上：掘り上げられたパキプスの抜き苗。
下：イサロ国立公園内でも最大級のグラキリウス。

発根の環境に悩む日々

輸入された抜き株は、成田から搬送され到着すると、その日のうちに梱包から取り出し、乾燥させないように定期的に水をかけて管理する。

植えつけ前には、株全体を殺菌剤で洗うが、これに大きな意味はない。肝心なのが、発根剤だった。

最初のころは、どこのホームセンターにでも売られている発根促進剤「メネデール」を使ってみたが効果はなし。

アデニアなどの裸苗は、1年間そのままの状態でも、植えつけて水をやれば、数日で発根する。植えつける季節がよければ、問題はない。

パキポディウムなども、直径10〜15cmのこぶし大の塊根は、ほぼ間違いなく発根した。

しかし、難しいのは、灌木形のオペルクリカリアやコミフォラだった。株が20cmを超えて大きくなれば、どの塊根の発根も難しかった。

水分量や温度管理は、ほかの塊根同様にしっかりやっていたのだが、数週間すぎても数株しか発根しない。最終的に発根し葉が出たのは、2割にも満たなかったのだ。

その後は、「オキシベロン」、「ルートコンプ」など、海外からのものも含め、入手できる発根を促すホルモン剤は手当たり次第試してみた。

いまだに結論は出ていないが、現在は「オキシベロン」、「スピードスター」を使い分けている。

未発根の株は、山となる。

新枝が出たら
発根のサイン

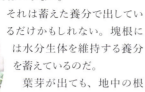

植えつけて数週間、細い枝に新芽が出てきても喜んではいけない。

それは蓄えた養分で出しているだけかもしれない。塊根には水分生体を維持する養分を蓄えているのだ。

葉芽が出ても、地中の根は出ていないかもしれないので、安心できない。新しい枝が出たら確実に根も出てきているので、土が乾かないように水は欠かさずに与える。

3〜4カ月間は、管理する場所を一定にして、そこから動かしてはいけない。植物は、環境になじむのに時間がかかる。その場所に順応して生長を始めるわけだ。写真（下）は、葉が出てきたが数週間後に生長が止まって枯れてしまったものもある。

特にオペルクリカリア パキプスなどは敏感。鉢を少しでも動かしたら、せっかく発根した根の生育が止まり、根が枯れてしまうこともあった。

私のハウスでは、発根中の鉢に手を触れることさえ禁じている。敏感な品種については、発根後にも場所を移動する場合、細心の注意を払って生育期の環境を維持している。

使う培養土は
市販のものだが

培養土にこだわらなくてもよい。とにかく細かい土は根詰まりの原因になるからふるってみじんを取り除くことが、水はけをよくする。市販のサボテン用培養土で十分だ。

自生地の土は、ほとんど有機質を含まない荒れた土壌だ。

降雨も少ない場所だからこそ、茎や根が肥大し、水分をため込む形状に進化したのだ。

培養土には、有機物を混ぜなくても問題ないが、パキプスだけは保水性をよくする資材を入れたほうがいいかもしれない。パキプスが自生しているところは粘土層で、水はけのよくない土地だった。つまり、土が年中湿っているほうが調子がよいのかもしれない。

鉢は、個体のバランスがとれる最小限のサイズ。株の太さから一回り大きいくらいの鉢を目安にするとよい。

やってはいけないのは、買ってすぐの植えかえ、これは厳禁だ。少なくとも3年はそのまま同じ環境で栽培する。

グラキリウスなら、直射日光をしっかりと当てて徒長させず、枝先の生長を年3mmほどにとどめることがポイントだ。

3年たてば、鉢の中の根は白色〜薄茶色になっているはずだから、植えかえしてもいいだろう。それ以降は3〜5年に一度の植えかえが目安だ。

この12年間で、発根からよい株に育てる栽培管理方法も、ほぼ確立できてきた。

発根管理中の株。発根には、適度な水分と土の温度が重要。発根中に鉢を動かしてしまうと、生育が止まってしまうこともある。

発根に最も重要なのは、株の鮮度。体力を消耗してしまった株は、発根する可能性が低くなってしまうので、空輸便が届くと、2〜3日の間に植えつける。

マダガスカル植物の今後

マダガスカル植物は形だけでも変わっているが、現地に自生する姿は実にユニークでダイナミック。岩のくぼみにとりつき、数十年の時をかけ、自らの体で岩を少しずつ削るようにして居場所をつくっている。岩が侵食されかろうじてぶら下がっているような木もある。崖の逆さまグラキリウスなどは、決して見飽きることのない風景だった。

この数年、日本国内ではコーデックスブームが過熱し、輸出側のマダガスカルのナーセリーの状況などが年々変化している。

前述したように、現地で野生の植物を採取したり、栽培して輸出することは、マダガスカルの外貨獲得の一助となっている。現地の人々の収入源としても、なくてはならないものだろう。

しかし、環境保護の観点からは、野生動植物の輸出には厳しい目が向けられているのも事実。マダガスカルの固有種であるカメレオンやホウシャガメ（マダガスカルホシガメ）は輸出禁止となっている。

これからは、マダガスカルだけでなく野生の植物の海外への移動は難しくなる傾向だ。すでに、マダガスカルの植物は、アメリカやヨーロッパのほとんどの国、中国などにも輸出できない。世界でも、日本以外は、チェコとタイにしか輸出できないのが現状なのだ。

崖の割れ目に根を張ったグラキリウス。

これからの国内のコーデックスの流通

これまで輸入してきたなかでも、超最良の株だけを栗原氏はコレクションしている。名品を売らないのは、価格の問題ではないようだ。

自生地で見た光景で、優良な形のグラキリウスの周辺には、美しい形の子株が自生していたそうだ。塊根の形状も遺伝していくことを、栗原氏は確信したのだそうだ。

グラキリウスのタネなら、現地からの通販で安価に購入することはたやすい。しかし、そのタネが、しっかり発芽し、美しい形状に育つかいなかは、育ててみないとわからない。

氏は、輸入を始めてから毎年のように、超優良品種を交配し、採取したタネから苗を作っている。すでに4年目の「実生株」が育っているそうだ。

これからは、優良なDNAがしっかり組み込まれている美しい「日本生まれのグラキリウス」が流通する時代がやってくることだろう。

自社で採取した優良種の実生苗。塊根の丸みがすばらしい。ボディのトゲも実生苗ならでは。

Ficus

フィカス

Data
分類	クワ科フィカス属
原産地	メキシコ、アフリカの乾燥地
生長期	春～夏
根	細い～太い
育成難易度	普通～容易
生長速度	遅い

食用果実のイチジクや観葉植物として有名なガジュマルも含み、約800種ほどが知られている大規模なグループです。属名はラテン語で食用のイチジクを指す"fig"に由来します。メキシコやアフリカの乾燥地帯に自生し、ガジュマルのように気根を伸ばすごく一部の種がコーデックスとして栽培されています。

フィカス属は多肉植物というよりは樹木ですので、大きな鉢で多肥多水栽培すると一般的な木のように育つため、少ない用土で剪定を繰り返し、幹や根を太らせて盆栽のように育てましょう。よく日光に当て、寒さに気をつければ性質は強健で、とても育てやすい植物です。

フィカス ペティオラリス
Ficus petiolaris

メキシコの乾燥地帯に自生する人気種。赤い葉脈が美しく、盆栽作りで育てると幹が球状に育ちやすい。

Hydnophytum
ヒドノフィツム「蟻の巣玉」

Data
分類	アカネ科ヒドノフィツム属
原産地	マレーシアなど
生長期	春〜夏
根	細い
育成難易度	普通
生長速度	普通〜速い

ヒドノフィツム パプアナム
Hydnophytum papuanum
マレーシア、ニューギニアなどの湿地で、マングローブの幹や岩上に自生する「着生植物」。肥大した根茎にアリが共生することから「蟻の巣玉」の和名がある。

ミルメコディア ベッカリー
Myrmecodia beccarii
別属だが、塊茎の中にアリが共生するので「蟻の砦」の和名がある。

ヒドノフィツム ペランガスツム
Hydnophytum perangustum
「蟻の巣玉 パフィー」とも呼ばれる。樹上に着生し、高さ30〜50cmにもなる。

　ヒドノフィツムは「蟻の巣玉」とも呼ばれる珍しいタイプのコーデックス。アフリカなどの乾燥地帯に育つコーデックスと違って、東南アジアやオーストラリアのマングローブなどが自生地。熱帯雨林の木や岩上などに付着して生育するので、どちらかというと着生ランの育て方に似ています。
　5月ごろ、最低気温が15度以上になったら屋外の風通しのよい場所に置きます。夏には朝だけ光が当たるなど、半日陰か少し遮光されたような場所がベスト。夏は直射日光で葉やけを起こしてしまうので、特に遮光を心がけてください。年間を通して乾燥させないようすることも大切。用土の表面が乾いたら水をやり、夏は回数を朝夕の2回にふやします。寒さに弱いため、冬場は基本的に屋内の10度以上の場所に移動します。

ヒドノフィツムの栽培カレンダー

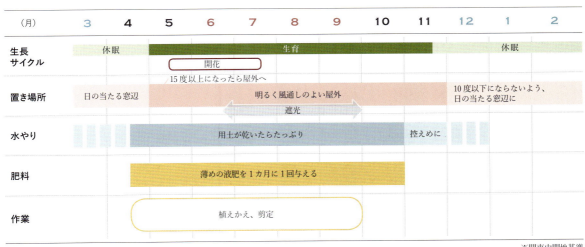

※関東中間地基準

123

Phyllanthus
フィランサス

ギリシャ語の"phyllon"（葉）と"anthos"を組み合わせたフィランサス。タイやラオスなどに自生し、石灰岩の丘や低木林の環境に育ちます。

本種は、ラテン語ですばらしいという意味の「ミラビリス」。自生地では、高さ8mほどの大きさに育ちますが、栽培環境下では盆栽仕立てにして栽培します。

葉やけを起こすことがあるので、真夏の直射日光だけ注意。生育期には頻繁に水やりしたほうが調子よく育ちます。

緑色から赤胴色の葉は、夜になると閉じ、朝になると開く。

フィランサス ミラビリス
Phyllanthus mirabilis
東南アジア原産のトウダイグサ科の植物。株が小さいうちは幹や株元がふくらむためコーデックスとして栽培される。寒さに弱い。

Firmiana
フィルミアナ

ミャンマーやベトナム、タイ、スリランカなど、南アジアの広い範囲に自生するフィルミアナ。熱帯雨林の石灰岩の岩の上やジャングルの中のやせた土壌に育ち、本来は高さ10mを超える大木になります。

フィルミアナ コロラータ
Firmiana colorata
小さな株が盆栽作りで栽培される。耐寒性が弱い。

Phyllobolus
フィロボルス

Data
分類　　　　　ハマミズナ科
　　　　　　　フィロボルス属
原産地　　　　南アフリカ
生長期　　　　秋～冬
根　　　　　　細い
育成難易度　　普通
生長速度　　　遅い

フィロボルス テヌイフロルス
Phyllobolus tenuiflorus
葉や花も美しく、塊根も太る優良種。
白花タイプと赤花タイプが知られる。

フィロボルス レスルゲンス
Phyllobolus resurgens
生長点は不規則で枝のところどころから
芽吹く。栽培環境下では枯れ葉が残り続け、
蒸れる場合があるため定期的に
除去したほうがよい。

冬季降雨地帯に自生する小型の灌木メセンです。属名は"投げ出した葉"という意味があり、ギリシャ語の"phyllos"（葉）と"bolos"（投げる）を合わせた合成語です。一部の種を除いてコルクのような木質の幹（塊茎）をもち、涼しい季節になると大きくふくらんだ幹や枝から多肉化した葉を伸ばします。葉の表面は水泡状の粒子のようなものに覆われていますが、この粒子は塩分や水分を貯蔵し、現地の強烈な太陽から身を守ったり、長期の干ばつに耐えるためであると考えられています。涼しい気候を好み、気温の高い季節は葉をすべて落として休眠します。休眠期に蒸し暑い場所で管理したり、過度な水やりをすると腐敗しやすいため、梅雨以降は注意して管理しましょう。

Fouquieria
フォークイエリア

Data
分類	フォークイエリア科フォークイエリア属
原産地	アメリカ、メキシコ
生長期	夏(一部は秋)
根	細い
育成難易度	普通〜容易
生長速度	遅い

フォークイエリア プルプシー
Fouquieria purpusii
美しい幹模様が特徴の希少種。
暑さ寒さにも強い強健種だが生長は遅い。

北米を代表するコーデックスです。属名はフランス人医師、ピエール・フーキエ博士の名をとって命名されました。約11種ほどが知られていますが、いずれも砂漠のような気候の荒れ地で、日光を遮るものがない開けた土地に自生しています。幹から細長い枝を伸ばし、葉の脱落した跡が鋭いトゲとなって残る特徴をもっています。栽培する場合は直射日光をふんだんに当て風通しのよい場所で管理してください。しっかり活着した株は暑さ寒さにも強くとても丈夫ですが、CITES I類(ワシントン条約)に属するため、非常に希少な植物です。

フォークイエリア コルムナリス
Fouquieria columnaris
「観峰玉」の和名で有名な冬型コーデックス。以前はイドリア属とされていたため、その名前で流通する場合もある。

フォークイエリアの栽培カレンダー

(月)	3	4	5	6	7	8	9	10	11	12	1	2
生長サイクル	芽吹き				生育			生育緩慢		休眠		
置き場所					日当たりのよい場所で管理							
水やり	水やり開始			用土が乾いたらたっぷり					断水 or 霧吹き程度の水やり			
	葉が出るまで断水。3月中旬以降、葉の兆しがあり気温が安定したら控えめに水やり再開											
肥料	元肥を施肥	月に1〜2回程度、微量元素の含まれた液肥などを施肥										
作業	植えかえ、タネまきなど		つるや枝が伸びすぎた場合は剪定									
	害虫予防、発生時は薬剤散布											

強い日光を好む。日光が不足すると枝が徒長したり根腐れしやすい。
生育期に水をきらすと一時的に葉をすべて落とす場合があるため水ぎれに注意する。

※関東中間地基準

Fockea

フォッケア

Data
分類────ガガイモ科フォッケア属
原産地────アフリカ南部
生長期────夏
根────細い〜普通
育成難易度────容易
生長速度────遅い

フォッケア エデュリス
Fockea edulis
「火星人」の和名で有名。日本でも
古くからコーデックスの入門種として
親しまれている。

フォッケア ムルチフローラ
Fockea multiflora
楕円形の大きな葉をもつ東アフリカ産のフォッケア。寒さに弱い。

フォッケア カムラ
Fockea camura
ラグビーボール状の塊根から非常に細い葉を展開する。南アフリカの冬季降雨地帯に自生する珍種。

アフリカ南部一帯に自生するガガイモ科のコーデックスです。属名の*Fockea*はドイツ人植物学者、フォッケ・アルバース博士の名をとって命名されました。自生地では塊根はほとんどが地中に埋まり、長いつるを伸ばし生長します。多くの水分を含んだ塊根を有するフォッケア属は、乾燥した地域に住む先住民の間では重要な食用植物として採集されているそうです。生育期は比較的水分を好みますが、過度に水やりすると突然腐ることもあります。また温室や室内で管理すると害虫が発生しやすいため、生育期は日光の当たる明るい風通しのよい場所で管理しましょう。

フォッケアの栽培カレンダー

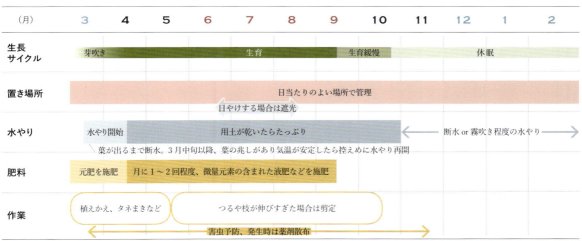

つるを伸ばすタイプはつるで塊根を覆い、塊根に強い日光が当たらないように遮光するとよい。
ガガイモ科であるフォッケアはネジラミやカイガラムシがつきやすいため、定期的に予防・駆除すると調子よく育つ。
いずれも耐寒性が弱い。

※関東中間地基準

Brachystelma
ブラキステルマ

Data
分類 ──────── ガガイモ科ブラキステルマ属
原産地 ─────── アフリカ、アジア、オーストラリアなど
生長期 ─────── 春〜秋
根 ────────── 細い〜普通
育成難易度 ──── 普通〜難しい
生長速度 ───── 遅い

ブラキステルマ属はアフリカ、アジア、オーストラリアなどに自生するガガイモ科のコーデックスです。属名はギリシャ語の"brachys"（短い）と、"stelma"（支柱）を合わせた意味をもちます。主にアフリカ南部に自生する種がコーデックスとして栽培されています。自生環境では塊茎は地中に埋まっていて、細いつるや茎を地表に伸ばします。塊茎と茎・葉だけだとあまり面白みのある植物ではありませんが、ガガイモ科の植物だけあり、奇妙な造形の花を咲かせます。ただし、花粉媒介者としてハエを呼び寄せるため、腐敗臭を出す場合が多くあります。害虫がつきやすく、塊茎も腐りやすいため、栽培は難しいのが難点。害虫駆除とメリハリのある水やりが栽培のポイントですが、いずれも耐寒性が弱いです。

ブラキステルマ プロカモイデス
Brachystelma plocamoides
アフリカ南央部一帯に自生する小型種。濃いエンジ色の花を咲かせる。

ブラキステルマ コッディー
Brachystelma coddii
赤いヒトデのような花を咲かせる小型種。
スワジランドが主な原産地。

ブラキステルマ シルシナーツム
Brachystelma circinatum
アフリカ大陸南部一帯に自生し、白い鳥籠のような
花を咲かせる小型種。比較的高所に自生する。

ブラキステルマ メイエリアヌム
Brachystelma meyerianum
夏季降雨地帯である南アフリカ東部が原産地。
クリーム色の花にはけば立った粗毛が生える。

Bursera
ブルセラ

| ブルセラ ファガロイデス
| *Bursera fagaroides*
ブルセラ属の代表種。古い表皮は
紙のようにはがれ落ちる。

Data
分類————カンラン科ブルセラ属
原産地————北米〜中米
生長期————夏
根————細い〜普通
育成難易度————容易
生長速度————遅い

中世ドイツの植物学者ヨアキム・ブルーサー博士（Dr. Joachim Burser）にちなんで名付けられたブルセラ。アメリカ南部やメキシコの砂漠地帯や砂丘の岩場などに自生しています。一般的な樹木に近い仲間ですが、乾燥に強く、盆栽のように育てると幹が太りやすいため、コーデックス愛好家の間では静かな人気があります。没薬や乳香の原料にも利用されるカンラン科の植物だけあり、葉をさわったり枝を剪定すると爽やかな香りがします。ブルセラ属は日光を非常に好むため、年間を通して風通しがよく直射日光のよく当たる場所で管理します。よく根の張った株は寒さにも強く、灌木系のコーデックスの入門種としても最適です。

| ブルセラ ミクロフィラ
| *Bursera microphylla*
"小さな葉"という意味の種小名の通り、
繊細な羽状複葉が特徴。

Beiselia

ベイセリア

Data
- 分類　　　カンラン科ベイセリア属
- 原産地　　中米
- 生長期　　夏
- 根　　　　細い
- 育成難易度　容易
- 生長速度　遅い

ベイセリア メキシカーナ
Beiselia mexicana
属中1種の珍奇植物。子株と成木では大きく姿が異なる。

　ベイセリアはメキシコのミチョアカン州で発見された属で、「メキシカーナ」1種だけが属しています。属名はこの植物の発見者であるドイツの園芸家、カール・ウェルナー・バイゼル氏（Karl-Werner Beisel）の名をとって命名されました。自生地はメキシコの中でも年間を通して気温が高く温暖な気候で、石灰岩の岩山の熱帯性半落葉樹林地帯に自生しています。厚いロウ質の表皮をもち、日光を好みます。日光不足や過度な水やりは徒長の原因となりますので、日光・風通しには注意して育てましょう。

Pelargonium
ペラルゴニウム

ペラルゴニウム ミラビレ
Pelargonium mirabile
"不思議な"という意味の種小名をもつ
ペラルゴニウムの人気種。
濃いチョコレートブラウンの表皮と
銀白色の美しい葉をもつ。

フウロソウ科の多肉植物です。属名はギリシャ語の"pelargo"（コウノトリ）を意味し、果実の形状をコウノトリのくちばしになぞらえて命名されました。世界中の熱帯・温帯地域が原産地ですが、多くの種はアフリカ南部・東部に自生しています。形態も多岐にわたり、一年草から低木、つる状、球根に近いものなどさまざまです。その中でも主に南アフリカ、ナミビアの冬季降雨地帯に自生し、幹や枝が肥大する種がコーデックス愛好家の間で栽培されています。そのため多肉植物栽培におけるペラルゴニウムとして流通するものの多くは、涼しい気候を好み、夏季は休眠します。

Data	
分類	フウロソウ科ペラルゴニウム属
原産地	世界中の熱帯・温帯地域
生長期	種によって異なる
根	細い〜普通
育成難易度	普通〜難しい
生長速度	遅い

ペラルゴニウム クリンガルドテンセ
Pelargonium klinghardtense
クリンガルド山(Klinghardt Mountains)に自生する希少種。太い幹と枝が特徴。

ペラルゴニウムの栽培カレンダー

(月)	3	4	5	6	7	8	9	10	11	12	1	2
生長サイクル	生育緩慢			休眠				生育			生育緩慢	
	開花									開花		
置き場所			涼しい場所で管理 遮光					日当たりのよい場所で管理				
水やり	用土が乾いてからたっぷり	←	断水 or 霧吹き程度の水やり			→	水やり開始	用土が乾いてからたっぷり				
肥料	月に1〜2回程度、微量元素の含まれた液肥などを施肥							月に1〜2回程度、微量元素の含まれた液肥などを施肥				
作業							植えかえ、タネまきなど					

灌木系の種は日光を好むため、葉を展開してからは日当たりのよい場所で管理する。塊根系のペラルゴニウムは塊根に長時間日光が当たらないように管理する。特に夏場は塊根を埋めていないと乾燥して枯死しやすいため注意する。

※関東中間地基準

Boswellia
ボスウェリア

Data

分類	カンラン科ボスウェリア属
原産地	アフリカ東部、アラビア
生長期	種によって異なる
根	細い〜普通
育成難易度	普通〜難しい
生長速度	遅い

ボスウェリア ネグレクタ
Boswellia neglecta
太い幹が特徴のボスウェリアの人気種。アフリカ東部が原産地で、年間を通して気温の高い森林地帯に自生する。

ボスウェリア属の樹脂からは香や香水の原料となる乳香（にゅうこう：frankincense）と呼ばれるものが採取でき、古代より珍重されてきました。主にアフリカ、アラビア半島、アジアの熱帯地域が原産地の灌木・低木植物です。属名は18世紀に活躍した医師であり植物学者でもあるジョン・ボズウェル博士（Dr. John Boswell）の名から命名されました。コーデックスとして育てられている種は全体的に生長が遅く、盆栽のように栽培されています。寒さを嫌いますが、暑さには非常に強く、日光を好みます。一般的なコーデックスに比べて根が細く、幹や枝、根の貯水能力もあまりないため、極度に乾燥させると葉を落としたり、最悪の場合は枯死してしまいます。休眠する秋から冬にかけても可能なかぎり気温を高く保ち、霧吹きや軽い水やりで細根が枯れないように栽培するのがポイントです。

ボスウェリア エロンガータ
Boswellia elongate
7つの種が知られるソコトラ島原産ボスウェリアの一種。美しい模様の細長い葉が特徴だが、成木は葉の形状が大きく異なる。

Mestoklema
メストクレマ

Data
- 分類　　　　ハマミズナ科メストクレマ属
- 原産地　　　アフリカ南部、マダガスカル
- 生長期　　　夏～秋
- 根　　　　　細い
- 育成難易度　普通～容易
- 生長速度　　遅い

メストクレマ アルボリフォルメ
Mestoklema arboriforme
"樹木状の"という意味の種小名どおり、肥大した幹をもつ灌木メセン。白く小さな花を咲かせる。

広義的にはリトープスなどと同じメセンの仲間で、木質のしっかりした幹が特徴のハマミズナ科コーデックスです。

属名は"高密度に分岐した"という意味があり、"mestos"（満杯の、一杯の）と、"klema"（つる、小さな枝）の合成語です。同属の「ツベローサ」、「アルボリフォルメ」はコーデックスとしては珍しく常緑で、性質もきわめて強健です。

Mesen
玉物メセン

Data
分類 — 多種に分かれる
原産地 — 南アフリカ
生長期 — 主に冬型
根 — 細い
育成難易度 — 普通〜容易
生長速度 — 遅い

①② 日輪玉 Lithops aucampiae
③ 福来玉 Lithops julii
④ 黒燿玉 Lithops shwawmtesii var.rugose
⑤ リトープス サリコラC-351A Lithops salicola C-351A
⑥ リトープス エンバーズ Lithops bromfieldii 'Ember's'
⑦ リトープス ベティズ ベリル Lithops aucampiae 'Betty's Beryl'
⑧ 繭形玉 Lithops marmorata
⑨ 大観玉(三枚葉) Lithops salicola 'Daikangyoku'
⑩ 麗虹玉 Lithops dorotheae

黄花繭型玉
Lithops marmorata
この種の多くは白花だが、本種は黄花型。見事に群生している。

　ハマミズナ科の植物全体のことを「メセン（女仙）」や「メセンの仲間」と呼びますが、「玉物メセン」と呼ばれるのは、コノフィツム属とリトープス属。
　どちらも1年に1回、古い葉がめくれて新しい葉が展開するユニークな性質をもち、「脱皮する」と表現されています。コノフィツムは南アフリカに、リトープスは南アフリカのほか、ナミビアやボツワナなどに自生していて、どちらも岩砂漠のような場所。そのため石のような姿に擬態していると考えられています。
　置き場所はどちらも風通しと日当たりがよい場所が適していて、休眠期の夏は雨よけがある半日陰で管理します。秋に入り涼しくなったら、少しずつ水やりを始めましょう。

リトープスの栽培カレンダー

※関東中間地基準

リトープス Lithops

ハマミズナ科のリトープス属は、メセンの代表的な属。扁平な球形の葉が2枚合わさった形をし、脱皮するす姿がユニーク。

巴里玉（ばりぎょく）
Lithops hallii
大きめの窓に入る密な網目模様、緑色の縁取りが特徴の大型種。

紫勲玉（しくんぎょく）
Lithops lesliei
「紫勲」の緑肌タイプ。

紫福紫勲玉（しふくしくんぎょく）
Lithops lesliei
「紫勲」の紫肌タイプ。中〜大型種。

日輪玉（にちりんぎょく）
Lithops aucampiae
丈夫な普及種。褐色の地色に濃褐色の網目模様が入る大型種。黄花、白花などがある。

マクラータ李夫人
Lithops salicola 'Maculata'
種小名の"salicola"は"塩"の意味で、塩田内に自生する「李夫人」の一品種。

麗春玉（れいしゅんぎょく）
Lithops lesliei
丸みのある頂面には淡い模様が入る中型種。

大津絵（おおつえ）
Lithops otzeniana
灰緑色の地色で、個体によって緑色の粗い網目模様が楽しめる。黄花で中型種。

青磁玉（せいじぎょく）
Lithops helmuti
青磁のような色みと質感が美しい。自生地では半透明の白色。

黄金琥珀玉（おうごんこはくぎょく）
Lithops bella
頂面が丸くハート形になる中型種。肌が白黄色。

紅大内玉
Lithops optica 'Rubra'
薄紅色で頂面の紫紅の模様が人気。

C330朱弦玉（しゅげんぎょく）
Lithops karasmontana lericheana
「花紋玉（かもんぎょく）」系。倒円錐形の小型種。

コノフィツム Conophytum

一芽一芽は単幹の葉で、芽が重なり群生します。
「足袋型」「鞍型」「こま型」「丸形」に分けられ、葉の色は緑が中心。

コノフィツム コンカバム
Conophytum concavum
表皮は短い毛で覆われビロード調。
頂面に半透明の窓が小さくある。

コノフィツム ウルスプルンギアヌム(白)
Conophytum ursprungianum
分頭しやすい、丸形白肌タイプ。

コノフィツム ウィッテベルゲンセ
Conophytum wittebergense
頂面に点描の粒模様が入る、人気の品種。

左大臣
Conophytum 'Sadaijin'
変丸形で灰緑色、頂面に緑色の模様が入る。

紅小袖
Conophytum 'Benikosode'
花があでやかな黄色で美しい品種。
葉の先端は小さい。

コノフィツム ミヌツム
Conophytum minutum
丸いこま型で、ピンクの花をつける。

円空
Conophytum marnierianum hybrid
浅い足袋型で、朱色の花。生長すると群生する。

コノフィツム アングスツム
Conophytum angustum
足袋型で、黄色の花をつける。

かがり火
Conophytum 'Kagaribi'
足袋型で、朱色の花。

コノフィツム エカリナツム
Conophytum ecarinatum
足袋型で、黄色の花。生長すると群生する。

コノフィツム ルイザエ
Conophytum luisae
浅い足袋型で、黄色の花。
強健で生長すると群生する。

メセンの属

メセンは、ハマミズナ科の観賞用多肉植物の総称。120以上の属があります。

〈フェネストラリア属〉

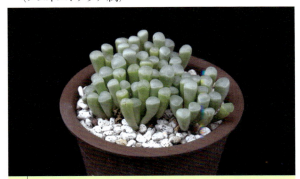

五十鈴玉(いすずぎょく)
Fenestralia rhopalophylla
葉の頂面にレンズの透明窓がある。
こん棒状の葉で群玉に。黄色花をつける。

〈オフタルモフィルム属〉

聖鈴玉(せいりんぎょく)
Ophthalmophyllum praesectum
頂面が丸みをおび、透明な窓が美しく群玉に。
白色花や桃色花をつける。現在はコノフィツム属。

〈アルギロデルマ属〉

金鈴(きんれい)
Argyroderma rosenum
玉物メセンと呼ばれる球形。葉の間から
花弁の細い黄色い花をつける。

〈ラビエア属〉

静波(しずなみ)
Rabiea albipuncta
三角葉は白っぽく、緑の斑点が入る。
ゴボウ根のように主根が太り群生する。

〈ディンテランサス属〉

綾耀玉(りょうようぎょく)
Dinteranthus vanzylii
全体に丸みをおび、帳面にわずかな模様が
入る。蒸れを嫌い夏越しが難しい品種群。

〈ケイリドプシス属〉

氷嶺(ひょうれい)
Cheiridopsis denticulata
「デンティキュラータ」として流通。高度多肉の
部類だが、断水すると形が崩れてしまう。

〈カルアンサス属〉

朝波(ちょうは)
Carruanthus peersii
葉にはギザギザの鋸歯があり、
黄花をつける。

〈フォーカリア属〉

雪波(ゆきなみ)
Faucaria candida
3稜形の厚い葉でノギがある。ノギは
紅葉期にピンクに染まる。白花をつける。

Monadenium

モナデニウム

Data
分類	トウダイグサ科 モナデニウム属
原産地	アフリカ東部、南部
生長期	春〜秋
根	細い〜普通
育成難易度	普通〜難しい
生長速度	遅い

モナデニウム アルボレッセンス
Monadenium arborescens
タンザニアに自生する柱状種。
カニの爪のような形状をした
深紅の花を咲かせる。

アフリカ東部から南部にかけて約80種ほどが自生しているモナデニウム属は主に柱状や塊根状の形態をした種が多く知られています。属名はラテン語の"mono"（一つの）と、"aden"（腺）の合成語で、苞葉に含まれるコの字形をした蜜腺の形状から名付けられました。同じトウダイグサ科のユーフォルビア属ほどではありませんが、形態はさまざまで集めだすと面白いグループです。花の形状に違いがありますが、近年ではユーフォルビア属に編入する動きもあります。

Jatropha
ヤトロファ

Data
分類────トウダイグサ科ヤトロファ属
原産地─────────全世界の熱帯地域
生長期──────────────────夏
根─────────────細い〜普通
育成難易度─────────普通〜難しい
生長速度─────────────────遅い

ヤトロファ ベルランディエリ
Jatropha berlandieri
「錦珊瑚」の和名で知られるヤトロファの代表種。丸い塊根から茎を伸ばし、和名のもとにもなったサンゴのような赤い花を咲かせる。

　トウダイグサ科のコーデックスです。属名の*Jatropha*はギリシャ語の"医者"を意味する"iatros"と、"栄養"という意味の"trophe"を組み合わせた合成語です。アメリカ大陸、アフリカ、アジアの熱帯から温帯地域が原産地で、草原や森、砂漠のような荒れ地などさまざまな場所に自生しています。多肉植物として栽培されるのは主にメキシコや東アフリカの乾燥地に自生する一部の種です。自生する環境も多岐にわたるため性質もさまざまですが、熱帯の乾燥地に自生する小型種ほど栽培は難しいところがあります。

ユーフォルビア アブデルクリ(夏型)
Euphorbia abdelkuri
アラビア海の孤島、アブドゥルクーリー島(Abd al-Kuri)にのみ自生する固有種。ロウのようなかたく白い表皮に覆われた植物らしからぬ見た目が特徴。

ユーフォルビア ネオフンベルティー(夏型)
Euphorbia neohumbertii
「噴炎竜」と呼ばれる柱状ユーフォルビア。陵から出るひげのようなトゲと幹の模様が特徴。

ユーフォルビアは、多肉植物の中でも最も多種多様な形状をもつグループ。属としては世界中に分布しますが、多肉植物として分類されるユーフォルビアは主にアフリカやマダガスカルに多く自生します。サボテンのようなトゲをもつ種、塊根をもつ種、タコものと呼ばれる四方八方に枝を伸ばす種など同じ属とは思えないほど、どの種も個性豊かな姿をしています。

属名は紀元前のアフリカ北部の国、ヌミディア王国の侍医であるエウホルブス(Euphorbus)の名をとって、スウェーデンの植物学者カール・フォン・リンネによって命名されました。

さまざまな地域・気候に自生しているため育て方も種によって異なりますが、大きく分類すると生育タイプは夏型種と冬型種に分けられます。それぞれの種の特性を理解したうえで最適な育て方を見つけてください。

夏型 ユーフォルビアの栽培カレンダー

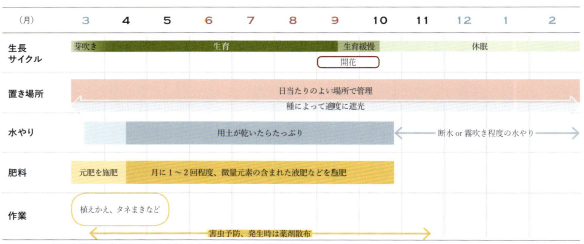

ユーフォルビアは生育形態や自生環境なども多岐にわたるため、一元的な管理は難しい。
上記の栽培カレンダーは参考であり、種に合わせて日照量や水やり間隔などを調整する。

※関東中間地基準

ユーフォルビア プラニセプス（冬型）
Euphorbia planiceps
"平らな頭"という意味の種小名をもつ
小型のタコものユーフォルビア。

ユーフォルビア フスカ（春、秋型）
Euphorbia fusca
fuscaは、「黒い、暗黒」という意味ですが、それほど深い色ではない。
和名「蛮蛇頭」、丸い球形の胴から四方に枝を伸ばす、タコもの。

ユーフォルビア ブルアナ（夏型）
Euphorbia buruana
東アフリカ産のトゲもの塊根ユーフォルビア。
オレンジがかった表皮の塊根から
トゲの生えた長い茎を伸ばす。

ユーフォルビア ステラータ（夏型）
Euphorbia stellata
「飛竜」の和名で知られるトゲもの
塊根ユーフォルビアの代表種。

ユーフォルビア ゴルゴニス（夏型）
Euphorbia gorgonis
南アフリカの東ケープ州原産。小型の
タコもので20cmほどになる。和名は「金輪際」。

ユーフォルビア トルチラマ（夏型）
Euphorbia tortirama
地中に塊根をもつ。トゲの生えた茎を
ねじれるように伸ばす。

花キリン（夏型）
Euphorbia milii
マダガスカル原産。亜種や園芸種が16種ほどある。

ユーフォルビア ホリダ（夏型）
Euphorbia horrida
サボテンのような見た目だが、ユーフォルビ
アの代表種。ゼブラタイプ、ゲンコツタイプ
などさまざまな園芸品種も知られている。

ユーフォルビア マルサビテンシス（夏型）
Euphorbia marsabitensis
ケニア北部に自生する珍種。
枝から非常に鋭いトゲを伸ばす。

ユーフォルビア デシドゥア（夏型）
Euphorbia decidua
丸みの強い紡錘形の塊根が特徴。気温が下がり、
休眠に入ると茎をすべて落とす。

ユーフォルビア ホープタウンエンシス（冬型）
Euphorbia hopetownensis
「クラッシペス」のシノニム（同種異名）
ともされるタコものユーフォルビア。

白樺麒麟（夏型）
Euphorbia fimbriata f. variegate
生育旺盛なユーフォルビアの園芸種。
「マミラリス」の斑入りともされる。

ユーフォルビア ノベリー（夏型）
Euphorbia knobelii
高さ60cmほどまで育つ柱状種。
日光に当てると表皮の赤みが増す。

ユーフォルビア ガムケンシス（冬型）
Euphorbia gamkensis
球場の茎から短い枝を伸ばす
小型タコものユーフォルビア。

冬型 ユーフォルビアの栽培カレンダー

南アフリカ南西部からナミビアにかけて自生するタコものユーフォルビアや一部の塊根種は、涼しい季節を好む冬型種として管理する。　　※関東中間地基準
タコものユーフォルビアは自生地では強い日差しの場所に自生しているが、日本では日やけしやすいため適度に遮光して管理するとよい。

ユーフォルビア ラメナ(夏型)
Euphorbia ramena
近年記載された新種の塊根ユーフォルビア。
枝の先端に濃い赤い毛を生やす。

ユーフォルビア ラメナ(夏型)
Euphorbia ramena
枝を思い思いの方向へ伸ばす姿が面白い。

ユーフォルビア キリンドリフォリア(夏型)
Euphorbia cylindrifolia
マダガスカル南部に自生する塊茎ユーフォルビア。栽培環境下では
比較的出回っているが、野生では絶滅の危機に瀕している。

ユーフォルビア ノーザンマダガスカル
Euphorbia sp.nov *northernmadagascar*
まだ正式に記載されていない塊根ユーフォルビア。葉脈に魚の骨のような
模様が出ることから「フィッシュボーン」と呼ばれることもある。

ユーフォルビア クラバリオイデス(冬型)
Euphorbia clavarioides
高所に自生するタコもの種。蒸し暑さに弱く栽培は難しい。

ユーフォルビア ラバティ(夏型)
Euphorbia labatii
写真は"レッドリーフ"と呼ばれる赤葉タイプ。
葉の色や模様に個体差がある。

ユーフォルビア デカリー（夏型）
Euphorbia decaryi
小型の塊茎から枝を伸ばす。枝挿しでも増やせるが塊根は形成されない。

ポイソニー錦（夏型）
Euphorbia poissonii f. *variegata*
強毒で知られる柱状ユーフォルビアの斑入り。

ユーフォルビア ラザフィンドラトシラエ（夏型）
Euphorbia razafindratsirae
マダガスカル南部産の塊根種。直径25〜30cmほどの大きさに生長する。基部は塊根を形成する。

ユーフォルビア ギラウミニアナ（夏型）
Euphorbia guillauminiana
独特の株姿で人気の「花キリン」の近似種。生長に伴い傘を開いたような樹形に生長する。

ユーフォルビア オベサ（夏型）
Euphorbia obesa
球状ユーフォルビアの代表種。子吹きする変種や、株元から枝吹きする変異種も知られる。

ユーフォルビア フィアナランツァ（夏型）
Euphorbia fianarantsoa
粗く鋭いトゲをびっしりと生やす「花キリン」の近似種。

ユーフォルビア バルサミフェラ(冬型)
Euphorbia balsamifera
カナリア諸島原産の灌木ユーフォルビア。生長に伴い枝は密に分岐する。

ユーフォルビア オブンチオイデス(夏型)
Euphorbia opuntioides
アンゴラ産の珍種。多肉質の枝の形状がサボテンのオプンチア属に似る。寒さに弱い。

ユーフォルビア ギムノカリキオイデス(夏型)
Euphorbia gymnocalycioides
エチオピアの高地に自生する希少種。サボテンのギムノカリキウムに似た見た目から命名された。

ユーフォルビア クリビコラ(夏型)
Euphorbia clivicola
"丘にすむもの"という意味の種小名をもつ珍種。太い多肉質な枝を無数に出す。

ユーフォルビア フィリプシオイデス(夏型)
Euphorbia phillipsioides
ソマリア北部の高地に自生する小型種。難物の多いソマリア産ユーフォルビアの中で栽培は比較的容易。

ユーフォルビア シザカンサ(夏型)
Euphorbia schizacantha
多肉質の太い幹と枝を伸ばす枝もの種。鋭いトゲと表皮に浮かぶ不規則な模様が魅力。希少、難物種。

ユーフォルビア ツルビニフォルミス(夏型)
Euphorbia turbiniformis
ソマリア産の希少種。自根での栽培は極めて難しいため接ぎ木で栽培される。

ユーフォルビア トリカデニア(夏型)
Euphorbia trichadenia
南アフリカ産の塊根ユーフォルビア。
比較的大きな花を咲かせる。

ユーフォルビア ムルチセプス(冬型)
Euphorbia multiceps
〝多頭キリン〟と呼ばれるタコもの種。
難物として知られ栽培は難しい。

Raphionacme
ラフィオナクメ

Data
分類 — ガガイモ科ラフィオナクメ属
原産地 — 南アフリカ
生長期 — 夏
根 — 細い
育成難易度 — 普通〜難しい
生長速度 — 遅い

　アフリカやジンバブエ、ボツワナなどに自生するラフィオナクメ属。
　属名はギリシャ語で"rhaphys"(カブ状の)と、"akme"(鋭い)を組み合わせた意味で、"akme"はとても苦い塊根の味を表現しています。自生地の環境は、乾燥した草原地帯や半砂漠のような場所。本来は塊根部は地中に埋まっていて、茎だけを地表に伸ばします。
　ラフィオナクメは明るい場所を好みますが、塊根を日光に長時間当てると株が弱る場合があります。日光に当てるのはなるべく茎や葉だけにするように工夫してください。また株が活着するまでは塊根を用土内に埋めてしばらく育てるのも有効です。ガガイモ科であるラフィオナクメは害虫がつきやすく、調子が悪い場合は薬剤散布が必要な場合もあります。生長期は水分を好みますが、過湿にすると腐敗しやすいため乾きやすい用土、鉢を用いるのがポイントです。また、寒さに弱いです。

ラフィオナクメ アンゴレンシス
Raphionacme angolensis
種小名が示すとおり、アンゴラに自生する。塊根は赤みをおびる場合が多い。

ラフィオナクメ ブルケイ
Raphionacme burkei
大型のラフィオナクメで塊根は直径40cmほどまで生長する。

ナーセリー直売・TOKYOイベント情報

2019年1月現在の情報。イベントは、各主催者サイトをご確認ください。

日本最大級！多肉植物の祭典はBB

BIG BAZAAR

サボテン・多肉植物ビッグバザール

場　所	五反田TOCビル 13F 東京都品川区西五反田7-22-17 ・JR都営地下鉄 「五反田」駅（南側）より 徒歩8分 ・東急電鉄目黒線 「不動前」駅より 徒歩6分 ・東急電鉄池上線 「大崎広小路」駅より 徒歩5分 《駐車場》約750台・有料
主　催	CBS（カクタスバザールシステム）
入場料	500円 ※当日は入場券を発行し、終日出入りできます。
問い合わせ	03-3410-3061 kobahiro@zc4.so-net.ne.jp

国際多肉植物協会（I.S.I.J.）小林浩会長
多肉植物栽培は60年を超えるキャリアで業界の名伯楽。いまも年間数回の渡航で海外展示会や自生地視察に飛び回る。

趣味家が集う国内最大規模のサボテン・多肉植物の販売会。プロ・アマ合同でダイバーシティがコンセプトで、専門家もアマチュアも参加し、15年を超える大イベント。

発足時は東京・高島平だったが、現在は五反田TOCビルで46回の開催を誇る。毎回、9時の開場を待つ多肉ファンが数百人並ぶ注目イベントになった。ファンの間では「BB」と呼ばれ、累計4万人以上が訪れている。

初心者向けの200円の苗から、天井知らずの価格のつく珍奇苗までそろうのが魅力。現在は、3、6、9、11月の春夏秋冬、そして1月の国際多肉植物協会の新年会も恒例となっている。

ISHII PLANTS NURSERY

石井プランツナーセリー

丁寧な仕立ては常に石井流！

2009年より石井俊樹氏がサボテンと多肉植物、コーデックスを輸入、生産管理するナーセリー。石井氏は、大手園芸会社勤務を経て独立、独自の品種選びにこだわったナーセリーを立ち上げ、少量多品種生産。一点一点厳選された株をとりそろえている。

現在は、関東近郊、関西、福岡まで、多数のイベントで直売を行っている。植物について相談しやすいようにと対面販売を心がけている。初心者にも栽培環境などを確認し、その丁寧なアドバイスにファンも多い。

instagram @ishiiplantsnursery
https://www.instagram.com/ishiiplantsnursery

主な出店イベント
五反田 TOC ビル
サボテン・多肉植物ビッグバザール
大阪 BORDERBREAK!!
その他植物イベント
出店情報はインスタグラムにてご確認ください。

SABOTEN AUCTION NIPPON

サボテンオークション日本

http://www.togo1.com

所 在 地	〒284-0022 千葉県四街道市山梨1418
電話番号	043-432-9069
問い合わせ	mail@togo1.com

マダガスカル種は安心の発根株！

　千葉県四街道市にある「サボテンオークション日本」は、現在日本で最も多くのマダガスカル植物を栽培するナーセリー。

　2003年より、パキポディウム グラキリウスやオペルクリカリア パキプス、パキポディウム マカイエンセなど各種のマダガスカルからの植物を直接輸入し販売している。

　年間8~10回の輸入で、年間2~3万株が入っている。しかし、現地からの輸送コンディションもあって、すべてが発根するわけではない。

　現地で株が選別された後に、長年のキャリアと技術で「完全発根」した上質な株を流通させている。

　マダガスカル産の多肉植物30種、8万点ほどを管理し、自社サイトに月2回アップされる株を、入札の形式で購入することができる。

　年 こ3回ほど栽培ハウスを一般公開する。栗原東五氏から丁寧な解説を聞きながら、直接購入も可能。自社が長年管理している、名品コレクションの株は必見の価値あり。

　主な栽培品種には、オペルクリカリア パキプス、パキポディウム グラキリウス、精巧丸（ペレキフォラ アセリフォルミス）、花籠（アズテキウム リッテリー）、パキポディウム エブルネウムなどがある。

Gran Cactus

グランカクタス

多肉植物と
サボテンの品種数
国内最多！

千葉県印西市に1500㎡の温室をもち、販売品種3000種以上のサボテンと多肉植物類の育種と生産を行っている。

週末には一般にも公開して直売し、海外バイヤーの訪問も多い。毎月1回は、趣味家が持ち寄る希少種などでオークション形式の交換会を催している。

主宰する佐藤勉氏は、1970年代からサボテンの収集や交配を続け、郷里福島にて生産販売を始めた。多肉植物類の多岐にわたる知識で、多肉植物、サボテン全般の専門書を出版。専門雑紙『月刊カクタスガイド』も33年間発行を続けている。

初心者から趣味家まで、あらゆる相談、疑問にも応えてもらえる。

所在地	〒270-1337 千葉県印西市草深天王先1081
電話番号	0476-47-0151
問い合わせ	www.gran-cactus.com

グランカクタスとC・V・Dのスタッフ

OSAKAイベント情報

WILDWOOD

ワイルドウッド

http://baobabu.net/wildwood

電話番号　090-8882-1574
主　催　　株式会社 ONE UP　野本栄一
問い合わせ　http://baobabu.net/otoiawase.php
電話またはONE UPの
お問い合わせフォームより
ご連絡ください。

コーデックス・多肉植物から
ビカクシダまで
大阪の植物祭り！

　2016年から始まった、植物を中心とする販売イベント。コーデックスからサボテン、はたまたビカクシダまで、趣味性の高い植物と、雑貨も合わせたイベントがWILD WOOD。
　主催する野本栄一氏は爬虫類販売から、同じ環境で飼える植物飼育を始め、ビカクシダの虜になったという人物。関西では、ビカクシダの愛好熱が高く、原種系から希少種、山採り株など、さまざまな種類がそろっている。
　WILD WOODイベント情報次回開催場所などは、詳しくはブログをご覧ください。
http://baobabu.net/wildwood

BORDER BREAK!!

ジャンルを超えて関西趣味家が集う！

ボーダーブレーク

http://borderbreak121415.blogspot.com
Twitter: bb_boderbreak

熱帯性のランや観葉植物から、サボテン、コーデックスまで、ジャンルを超えた植物販売イベント。ジャンルの壁（ボーダー）をブレイクするという意味が名前となっている。

ここに来ればなんでも見られるし買えるようなイベントを目指し、それぞれの分野で第一線の生産者、販売者が全国から20店ほど集まり、1500人ほどの来場者でにぎわっている。

2013年にスタートし開催は10回を数える。大阪市福島区のPINEBROOKLYN -パインブルックリン- での開催が通例。

主な出店イベント
2019年の12月を予定。
代　　表　BORDERBREAK!! 実行委員会

「コーデックスとは、いつごろ、出合ったのですか？」

R 6年ほど前に結婚しまして。新居の部屋にインテリアグリーンを置きたいと思って雑誌を見ていたんです。
そのころは、ちょっと**観葉植物がブーム**になってました。モンステラなんかを部屋に飾る感じです。雑誌でも「植物園に包まれたい。」とか「植物と暮らす」の記事に魅了されてました。「珍奇植物」特集より、数年前だったと思います。
観葉植物やサボテンなどを見る中で、ぷっくり太った「コーデックス」のフォルムにやられたわけですよ。でも、なにも品種を知らなかったので、理解するまでには時間がかかりましたね。

> **21世紀の園芸ブーム**
> 昭和の高度成長期にサボテンブームが始まり、これは愛好家が途切れることなくいまに続く。バブルの余韻でイングリッシュガーデンや「バラ」などハイソな流行があり、この双璧だったのが「ラン」。山採り品種が高額で流通していた。2010年ごろにはインテリア志向の強い、観葉植物ブームがあった。

K 僕も、最初はインテリアグリーンがほしいと思ったんですよね。
8年前に転勤してひとり暮らしを始めたときに観葉植物をいくつか買ったんですけど、その中にアエオニウムのサンバーストがあって、それで多肉植物というカテゴリーを知りました。
そのあと、千葉の房総にあるお店でアロエ プリカティリスを知って、面白いなぁと。もう、そのあとは、もともとオタク気質なこともあってナーセリーやお店に通い始めました。

E みなさんとおなじで、入り口は観葉植物でした！ パキラとかヤシとかを買ってたんですけど、ちょうど当時住んでた家の近所に「**TOKIIRO***1」さんがあって、店主の方から多肉植物の面白さを教えてもらったんです。
そのあとホームセンターでユーフォルビアのソテツキリンを買って、そこからコロンとした形にハマってしまいまして。で、僕はわりとすぐ**個人輸入**に手を出しました。Kさん同様、僕もオタク気質でして（笑）、おもちゃを輸入したことがあったんです。植物も輸入なら安くていいのがあるかもな、と。

> **個人輸入**
> インターネットの普及で、海外通販やオークションが手軽になった。「eBay」なら、通関手続き、配送までを含めてお世話してくれるが、「植物検疫証明書」をつけられるかを購入前に要確認！

C でも、植物だと**検疫**があるよね。

> **輸入植物の検疫**
> 日本へ植物を持ち込む場合、海外からの病害虫の侵入を防ぐために、量や用途を問わずすべての植物について、輸出国の政府機関が発行する植物検疫証明書（Phytosanitary certificate）を添付し、輸入検査を受ける必要がある。

E そのへん、全然わかりませんでしたね～！ でも、ドイツの「**エキゾチカ**」さんはシステムもわかりやすいし書類もつけてくれると知って、徐々に買い集めていきました。

> **『EXOTICA』**
> 海外発送をするドイツのナーセリー。1983年からアフリカ原産のコーデックスを扱っていたが、2016年ごろに一般向けのサイトは閉鎖した。価格も、日本国内と比べれば、リーズナブルだったので惜しむ声が多い。

C 私はもともと**アクアリウム**をやっていたんですけど、3.11の震災で計画停電があったので続けるのが難しくなってやめたんです。そのころ、ちょうど多肉植物があることを知って、まずハオルチアのオブツーサを買いました。これは面白いなあといろいろと調べるうちに、ユーフォルビア フランコイシーの存在を知って、「これはほしい！」と。でもなかなか出合えなくて、あちこち探してようやく入手して。もう、そこからはどんどんのめり込んでしまいました。

> **アクアリウム**
> 1980年代から、希少種熱帯魚の飼育が盛んになり、背景であった水草だけを栽培するアクアリウムがブームに。水草屋があちこちに開店したのは、いまのコーデックスブームに酷似する。

E 「**入手まで苦労すると、その後ハマりやすい**」ですよね。

C そうそう、そして僕もすぐ輸入の道へ（笑）。よく、「**いきなり輸入!?**」って驚かれるけど、自分では違和感なかったなぁ。
国内通販よりも輸送費がかかるけど、「スゲ～品種」が手に入る、ワクワク感がたまりませんね。

K コーデックス好きな人って基本的にコレクション癖があるのかも。全力で収集したい気持ちが僕たちを輸入へと向かわせるんですよね。

V そういえば、私も石を集めていた時期が（笑）。私はこの中でいちばんコーデックス歴が浅くて、しばらく**バラ**をやっていました。10年くらい前に**オザキフラワーパーク***2でステファニアを見て、こんなユニークな植物があるのかと驚いたんですよ。でも調べてみたら日本では冬を越せないって書いて

---

*1 **TOKIIRO**　千葉県浦安市にある、多肉植物と器のハイセンスショップ。多肉植物の寄せ植えワークショップは、女性にも大人気。
*2 **オザキフラワーパーク**　創業57年、4000㎡のガーデンセンターは都内最大。趣味性の強い2階フロアでは、10年以上前から多肉植物やコーデックスを扱っている。

あって、かわいそうなのでやめておきました。まぁ、お値段的にも手が届きませんでしたけど(笑)。

「栽培情報は、どこから？」

R コーデックスの室内栽培について聞いてもいいですか？ 最近インテリアショップで扱ってたりするから、室内で栽培できると勘違いする人も多いみたいですね。黒系のインテリアで、ダイニングテーブルの上にパキポディウム グラキリウスを飾りたいんですよ！
でも悲しいかな、屋外じゃなきゃうまく育ちませんよね。みなさんは、そのへん混乱ありませんでした？ ボクは正直なところ「部屋に飾って眺めたい！」と、いつも思ってますよ(笑)。

V カミングアウトですか？ 知ってましたけど。

C 僕は、当たり前に屋外で育ててましたね。だって植物だから。

E 僕も室内で、とは考えなかったなあ。最初に**isla**さんのサイトで育て方を調べたから、「直射日光、風通しが大事」って書いてあったし。

ほぼ全員 そうそう！

C インテリアの要素としてのアプローチも入り口のひとつなんだけど、残念ながら育たないんですよね。生きてるってことを忘れちゃいけない。

V じゃあ、失敗っていう失敗はなかったですか？

isla del pescado
日本で最初の「塊根植物の品種解説」サイト。500以上のコーデックス、サボテン、球根など、市中園芸店や園芸書籍にはない濃厚な情報満載。塊根マニアの手引き書となっている。

「いまだから話せる 栽培失敗話、ありますか？」

E 最初の失敗は、アデニアの葉が全部落ちたときに枯れたと思って処分したこともあります。夏型コーデックスが休眠に入っただけだったのに！

K オペルクリカリア パキプスでやらかしました、ボクは。裸苗を6万円で買って、自分で根を出さなきゃいけなかったけど、出なかったですね～。肌色が黒くなっていって、3ヵ月くらいで諦めました。パキプス、コミフォラの灌木系は、自宅で発根させるの難しくないですか？

C ボクも、何本もやってます。発根株だと10万円以上、裸苗だと、ほぼ半額ですもんね。

ついつい、買っちゃいますけど、なかなか成功しないですよね。

R いま、ネットオークションでたくさん輸入裸苗が安く出てますよね？
ボクも、最近1本買ってみましたが、水耕栽培で発根させてます。培養土に植えて、何本か失敗しているんで、水耕栽培で根が出てから、鉢植えにしてみたんですよ。

V サボテンや多肉植物の水耕栽培のディスプレーも見かけるし、ありかもしれませんね。
わが家には、4年ものの水耕サボテンがありますけど、それなりに生きてますよ(笑)。

R それはスゴイですね！ ボクは、発根しなかった株の主根を、もう一度削るんです。白いところが見えるまで。そこに発根剤を塗って、もう一度植えます。それでも、発根しませんが…諦めきれないんですよ～(笑)。

E ほかの失敗は、輸入ネタなんですけど、ネットから見つけた南アフリカの業者から買ったときです。**検疫の書類**をつけてくれる約束だったのに、川崎の検疫所から「書類入ってないよ！」と連絡がありまして。で、アフリカにメールしても「こちらは入れたはずだ！」と言うし、結局、送り返して返金してもらうことにしたんです。でも、その後返金はされなかったです……。

輸入検査書類
輸出業者の商品明細送り状（品種名、学名が明記してあるInvoice）、輸出国の政府機関が発行する植物検疫証明書（Phytosanitary certificate）が必要。

V 私は「亀甲竜」をダメにしました。インテリアショップで買ったので「部屋で育つんだな！」と思って、ずっと室内に置いていて。しばらく大丈夫そうに見えてたけど、3年目に起きてきませんでしたね。

「土・肥料について こだわってますか？」

K 土はどんなのを使ってますか？ 僕は「**プランティーションイワモト**[*3]」の多肉植物用の土をベースに、植物によってえぞ砂を混ぜたり石灰を混ぜたり、いろいろ試してます。

E 僕もベースは「**プランティーションイワモト**」で、赤玉土、鹿沼土、日向土、ゴールデン培養土、マグァンプKを混ぜたものを基本の用土にしてます。

[*3] プランティーションイワモト　茨城産硬質赤玉土を主体にした各種園芸用土の老舗。

K それ、水はけよさそうだね！
E 水やり好きなんで（笑）。さらに水はけよくしたい植物には軽石を、水もちをよくしたいときには腐葉土を混ぜて調整します。基本の用土をそろえてあると、水やりのタイミングがそろいやすくて管理が楽だし、何かプラスしたときの効果もわかりやすいんですよね。
C 僕は発根用の土と栽培用を使い分けてます。発根用の土は、有機物なしで、赤玉土小粒、軽石小粒、日向土極小、ゼオライト小粒。有機物を入れると腐ることが多かったのでやめました。
しっかり根が出た株には、「ヨネヤマプランテイション」の多肉植物の土を使っています。赤玉土、パーライト、バーミキュライト、軽石、発酵ぼかし肥料、バーク堆肥、ゼオライトが混ざった土ですね。
V 私は赤玉土を基本に、さらさらっとした土にしています。
バラ栽培の経験から、EM菌とか有機リン酸肥料も混ぜてみたんですよ（笑）。でもあまり有効ではなさそうで、肥料はあとで液肥を与えたほうが効率いいのかなと最近は考えてますね。
K 肥料って、みんな**マグァンプK**＊⁴？
E はい、僕は土に混ぜちゃってます。islaさんがサイトに書いてるからね。あとは直射日光に当てて、風通しよくしておけば元気ですよ。
C 僕は肥料を入れてないですね。なくても育つし。気が向いたときに液肥を与える程度。Eさんがいうように、直射日光と風通しさえあればいいんですよね。
V 私は、実生が多いからハイポネックスの液肥を。でも肥料よりも植物活力液をよく与えてます。なんか安心できるから（笑）。

「鉢は見た目で選びますか？」

R インテリア的なアプローチにも関係するけど、作家ものの鉢が大人気ですよね？
E おしゃれ鉢、一時期ハマりました。「invisible ink.＊⁵」の売り出し日は早朝に並んだりしました。
でも陶器鉢だとグラキリウスなどの根は内側にへばりつくから、植えかえ時のリスクがあったりして、いまはほぼ全部プラスチック鉢にしちゃいました。
K 僕は「プレステラ」っていうスリット入りのプラスチック鉢でそろえてます。
C 僕もプラ鉢。安いし、軽いし、黒いのなら**鉢の中の温度**が高くなって発根を促しやすいですよね。
V 私は、「プラ鉢が最高だ」と先輩たちに教わりまして。プラ鉢を**信仰**してますよ（笑）。
E でも、おしゃれ鉢に植えたままのグラキリウスはすごく調子いいし、結局どんな環境を用意してあげられるかも大きいんですよね〜。
C あと目的ね。発根を促すためには、鉢全体がしっとりしている状態と乾いてる状態を交互にするといいみたいなんだけど、僕の環境だとプラ鉢のほうがコントロールしやすいんですよ。土の配合にもよるし、最初はいろいろ試すといいのかも。

「コーデックスの価格高いですか？」

K いま、コーデックスの価格は全体的に高騰してるよね。
V 同じ品種、同じサイズでも、形とか枝張りで値段が変わってくるから最初は驚きましたよ。
K インテリアショップにある株は特に高いかも。しかも、店内に置いてあると管理大丈夫なのかなぁ、って（笑）。持ち帰っても枯れそう……。
C 高い株を買って枯れてしまったら、もう買うのやめようってなるだろうね。
買いやすい価格のものがもっと出回るべきだと思う。
E 価格だけ見ると、数年前に比べていまがものすごく高いとは僕は感じてなくて。違うのは、販売されてる株の状態。前は、3万円で買えるものってきちんと根や葉が出てて管理された株がほとんどだったけど、いまは根が出るかどうかわからない抜き苗（裸苗）が3万円するってイメージ。
R いまは、高価なパキプスが安い抜き苗で、たくさんヤフオク流通してますよね。
発根するのかドキドキして、植物がギャンブル化してますよね。
E 現地でも希少な品種が日本で売られてますけど、現地でなくならないのかな？
R マダガスカルの自生地を知ってる大物趣味家さんが「パキポディウム ウィンゾリーは、もう採りつくして、山にはひとつもないよ」っておっしゃってました。

＊4　**マグァンプK**　株式会社ハイポネックス ジャパン　株元にばらまくタイプの追肥。約2カ月間の効きめ。根の張りをよくし、リン酸効果で丈夫な根をつくる。N-P-K-Mg＝6-40-6-15
＊5　invisible ink.　ハンドメイド鉢で、熱狂的なファンが多く存在。イベントで限定発売があるが入手も困難。

Ⓒ えぇ〜〜〜〜〜。もう輸入されないの？ これから、高騰するのかな？

「知ってますか？ 個人輸入とCITESのこと」

Ⓔ 僕は初期から輸入に手を出したので、調べたり詳しい人に聞いたりしてやったんですけど、曖昧なところも多くてややこしいんですよ。
たとえば、CITES I類なのは野生だけで繁殖させるとII類になったり、書類国によって違ってCITESの書類が検疫の書類を兼ねてたり（整備されたルールがあるようでないから？）。いま、検疫の人も焦ってると思いますよ。

CITES
ワシントン条約。農林水産省のHPに動植物のすべてのリストがある。大変わかりにくいが、一度確認を。

Ⓡ 日本に輸入されるとき、持ち込む品種は必ずチェックされますが、CITES I類に指定されているものは、国内での所有や譲渡に許可書が必要なものもあるそうです。
南アフリカのエンセファラルトス ホリダスなんか、輸入にはCITES（南アフリカ国輸出許可証）、国内で所持するためには、環境省へ「国際希少野生動植物登録票」の申請をして書類をもらわないとダメなんですよね。
許可書がないと、お店では展示してもマズイらしいです。

Ⓥ 近ごろは、取り締まりが厳しくて。通報されると、警察の生活安全課が調べにくるそうです（笑）

Ⓒ 実際に没収されて、高額な罰金を払ったサボテン業者があるそうですよ。
趣味家の場合は没収だけだそうで、植物はどこかの植物園に引き取られるとか。

数年前はまだ緩かったよ〜。Invoice（商品明細送り状）を入れ忘れられたことがあって電話がかかってきたんだけど、違う名前を言ったらあっさり通った！（笑） いまは絶対ムリだと思うし、これからどんどん厳しくなるはず。

Ⓥ 私はまだ輸入したことなくて、チャレンジしてみたいんですよ〜。

「これからのコーデックスブームはどうなっていく？」

Ⓡ 輸入の難易度が上がると、国内のコーデックスブームに影響するかな？ コーデックスブーム自体、どうなっていくんだろう？

Ⓚ アガベとか、輸入しやすくて生長がわかりやすい植物が人気になってますね。

Ⓔ 1〜2年前より、ふるいにかけられてる感じはするよね。植物を育てる楽しさに目覚めて実生からって人もふえてるけど、インテリア感覚で買って枯らして諦めちゃった人もいるだろうし。
国内で「グラキリウス実生苗」は、どんどん栽培されてますから、ビギナーが数千円で始められるのは、遠い話ではないですね。
パキポディウムの小さな苗がホームセンターとかに出回る日も近いのかもしれないけどね！

Ⓡ 品種によっては、現地で株自体がなくなってるっていうのも聞きますよ。
ウィンゾリーとかは、もう輸入されないと聞きますが、CITES I類のパキポディウム アンボンゲンセが、ネットで売られているとか……。ウワサの真偽はわかりませんけど、資源は限られてますからね。

Ⓔ コーデックス御三家は、「パキポ、パキプス、ホリダス」といわれてましたが、売れ線は「ウィンゾリー、グラキリウス、ブレビカウレ（恵比寿笑い）」のパキポディウムの3種に絞られてるって話もあるみたいですね。
2018年10月からは、輸入検疫がとても厳しくなったんですよね。個人輸入でも、不備があると「即、廃棄！」だそうですよ。
もちろん、CITESのI、II類の山採りなんかは、入ることがないということですよね。

Ⓥ いろいろ状況は変わっていくんでしょうけど、純粋にコーデックスだったりサボテンが好きな、熱量のある方たちはたくさんいるんだから、まだまだ続くはず！と思いますね。

珍奇植物 情報索引

栽培情報協力／佐藤勉（グランカクタス）

　ここでは、多肉植物をはじめ、近年人気のある「珍奇植物」をリストアップしています。

　珍奇植物（Bizarre Plants）というくくりも曖昧ですが、本書をお読みいただくような植物愛好家の方々が、興味をもたれるものの多くが、これに属するものなのでしょう。

　園芸業界でも、多肉植物の定義はどんどん広がり、ケープバルブを「多肉球根」という呼び名も見られます。どこまでも明確な定義はないようで、植物図鑑の分類を超えたところの植物愛「植欲」には、定義や園芸常識よりも優先するものがあるようです。

　簡単に書けば、これまで見たこともないような「奇妙な形」、多肉植物愛好家の琴線に触れるものが「珍奇植物」なのです。

　しかし、実際に栽培するとなれば、写真や名前だけでは、その植物の特徴や栽培管理法を調べることも難しい場合があります。本書のリストは、流通する植物の「商品名、呼び名」などから、学名と生長サイクルを知ることができます。

　なお、学名の表記や分類学上の科名には、諸説ありますのでご理解ください。

　情報欄が空欄になっているもの、学名表記などに誤記があるものなど、そのような情報は下記のメールアドレスまで、「珍奇植物情報」のタイトルでお知らせいただけますと幸いです。本書改訂のタイミングで、順次修正し、珍奇植物データブックとして、より精度の高いものにしていく所存です。

　何卒よろしく、ご協力のほどをお願いいたします。

regia@garden-lovers.com

ア

和名	学名		科名	生長時期
亜阿相界(パキポディウム ゲアイー)	Pachypodium geayi		キョウチクトウ科	夏
アイスグリーン(エケベリア)	Echeveria 'Ice green'		ベンケイソウ科	春秋
愛染錦(あいぜんにしき)	Aeonium f.variegata		ベンケイソウ科	秋冬夏
アイボリーパゴダ(クラッスラ)	Crassula 'Ivory Pagoda'		ベンケイソウ科	春秋
アエオランサス サバカウリス	Aeollanthus subacaulis		シソ科	春秋
アエオランサス リネアリス	Aeollanthus subacaulis linearis		シソ科	春秋
青い渚(セトーサ ミノール)	Echeveria setosa minor		ベンケイソウ科	春秋
赤棍棒(アドロミスクス クラビフォリウス)	Adromischus cristatus clavifolius		ベンケイソウ科	春秋
茜の塔(クラッスラ タブラリス)	Crassula capitella (Crassula tabularis)		ベンケイソウ科	春秋
赤花精巧殿	Turbinicarpus pseudopectinatus var. rubriflorus		サボテン科	春秋
アガベ アリゾニカ	Agave X 'Arizonica'	P39	リュウゼツラン科	夏
アガベ アルボピロサ	Agave albopilosa		リュウゼツラン科	春秋
アガベ エボリスピナ	Agave utahensis var. eboripsina	P39	リュウゼツラン科	夏
アガベ キュービック	Agave potatorum 'Cubic'	F38	リュウゼツラン科	夏
アガベ サルミアナ フェロックス	Agave salmiana Ferox		キジカクシ	夏
アガベ シャークスキン	Agave 'Shark Skin'	P39	リュウゼツラン科	夏
アガベ スーパークラウン	Agave potatorum f.variegata 'Super Crown'	P38	リュウゼツラン科	夏
アガベ チタノタ FO-76	Agave titanota FO-076	つ39	リュウゼツラン科	夏
アガベ チタノタ No.1	Agave titanota 'No.1'	P39	リュウゼツラン科	夏
アガベ チタノタ ヴァリエガタ	Agave titanota 'Varliegata'		リュウゼツラン科	夏
アガベ チタノタ シエラ ミクステカ	Agave titanota 'Sierra Mixteca FO-076'	P38	リュウゼツラン科	夏
アガベ チタノタ ブラック&ブルー	Euphorbia pseudoglobosa	P36	リュウゼツラン科	夏
アガベ チタノタ ホワイトアイス	Agave titanota 'White Ice'		リュウゼツラン科	夏
アガベ パリートルンカーダ ライムストリーク	Agave parryi ssp. truncata	P39	リュウゼツラン科	夏
アガベ ピグマエア ドラコントゥース	Agave seemanniana ssp. pygmaea	P38	リュウゼツラン科	夏
アガベ プミラ	Agave pumila	P39	リュウゼツラン科	夏
アガベ ポタトルム エレファント	Agave potatorum 'Elephant'		リュウゼツラン科	夏
アガベ マクロアカンサ	Agave macroacantha	P38	リュウゼツラン科	夏
アカンソシキオス ホリダス	Acanthosicyos horridus		ウリ科	夏
アグラオネマ ピクタム	Aglaonema pictum		サトイモ科	夏秋
アグラオネマ ピクタム キャッスル	Aglaonema pictum 'Castle'		サトイモ科	夏秋
アグロウ(センペルビウム)	Sempervivum aglow		ベンケイソウ科	春
朝霧珊瑚	Miqueliopuntia miquelii		サボテン科	夏秋
阿修羅(あしゅら)	Huernia pillansii		ガガイモ科	夏
アズテキウム ヒントニー	Aztekium hintonii		サボテン科	夏秋
アストロフィツム アステリアス	Astrophytum asterias		サボテン科	春夏秋
アストロフィツム カプトメドューサエ	Astrophytum caput-medusae		サボテン科	夏秋
アストロロバ スキンネリ	Astroloba skinneri		ユリ科	春秋
アストロロバ スピラリス	Astroloba spiralis		ユリ科	春秋
アストロロバ ブルラタ	Astroloba bullulata		ユリ科	春秋
アスプレニウム スコロペンドロプシス	Asplenium scolopendropsis		チャセンシダ科	春夏秋
安曇野鉄甲	Euphorbia × 'Azumino Te:ko'		トウダイグサ科	夏
アゾレラ コンパクタ	Azorella compacta		セリ科	
アダンソニア グランディディエリ	Adansonia grandidieri	P15	パンヤ科	夏
アダンソニア ザー	Adansonia za	P15	パンヤ科	夏
アダンソニア ルブロスティパ(フニ)	Adansonia rubrostipa (fony)	P14	パンヤ科	夏
アデニア エキローサ	Adenia ecirrhosa		トケイソウ科	夏
アデニア エレガンス	Adenia elegans		トケイソウ科	夏
アデニア オバタ	Adenia ovata		トケイソウ科	夏
アデニア キルキー	Adenia kirkii	P44	トケイソウ科	夏
アデニア グラウカ	Adenia glauca	P6,P45	トケイソウ科	夏
アデニア グロボーサ	Adenia globosa	P45	トケイソウ科	夏
アデニア ケラマンサス	Adenia keramanthus		トケイソウ科	夏
アデニア ゴエツィー	Adenia goetzei	P44	トケイソウ科	夏
アデニア ステローサ	Adenia stylosa		トケイソウ科	夏
アデニア ステノダクチラ	Adenia stenodactyla		トケイソウ科	夏
アデニア スピノーサ	Adenia spinosa		トケイソウ科	夏
アデニア ディギタータ	Adenia digitata	P44	トケイソウ科	夏
アデニア バリー	Adenia ballyi	P45	トケイソウ科	夏
アデニア フィリンガラベンシス	Adenia firingalavens.s		トケイソウ科	夏
アデニア フルチコーサ	Adenia fruticosa		トケイソウ科	夏
アデニア ペチュエリー	Adenia pechuelii	P42	トケイソウ科	夏
アデニア ヘテロフィラ	Adenia heterophylla		トケイソウ科	夏
アデニア ペリエリ	Adenia perrieri	P43	トケイソウ科	夏
アデニア ボルケンシー	Adenia volkensii		トケイソウ科	夏
アデニア ラケモサ	Adenia racemosa		トケイソウ科	夏
アデニア ランセオラタ	Adenia lanceolata		トケイソウ科	夏
アデニア リンデニー	Adenia lindenii		トケイソウ科	夏
アデニウム アラビクム	Adenium arabicum	P47	キョウチクトウ科	夏
アデニウム アラビクム 黒肌	Adenium arabicum 'BlackSkin'		キョウチクトウ科	夏
アデニウム オベサム	Adenium obesum	P46	キョウチクトウ科	夏
アデニウム オレイフォリウム	Adenium oleifolium		キョウチクトウ科	夏
アデニウム ソコトラナム	Adenium socotranum	P47	キョウチクトウ科	夏
アデニウム ソマレンセ	Adenium somalense	P47	キョウチクトウ科	夏
アデニウム ボエフミアヌム (ブッシュマン ポイズン)	Adenium boehmianum		キョウチクトウ科	夏
アドロミスクス シュルドティアヌス	Adromischus schuldtianus		ベンケイソウ科	春秋
アナカンプセロス コンプトニー	Anacampseros comptonii		スベリヒユ科	春秋
アナンセニス(モンセネス)	Monanthes anagensis		ベンケイソウ科	春秋
阿房宮	Tylecodon paniculatus		ベンケイソウ科	秋冬春
アボニア クイナリア	Avonia quinaria	P48	スベリヒユ科	春秋
アボニア クイナリア(アルストニー)	Avonia alstonii	P49	スベリヒユ科	春秋
アボニア クイナリア(アルビッシマ)	Avonia albissima	P49	スベリヒユ科	春秋
アボニア グリセア	Avonia grisea	P49	スベリヒユ科	春秋
アボニア ペスペルティナ	Avonia vespertina	P49	スベリヒユ科	春秋
アメチティヌム(酔美人)	Graptopetalum amethystinum		ベンケイソウ科	春秋
アリオカルプス フィスラタス ロイディ	Ariocarpus fissuratus lloydii		サボテン科	春秋
アリオカルプス レツーサス	Ariocarpus retusus		サボテン科	春秋
アリオニー(センペルビウム)	Sempervivum allionii		ベンケイソウ科	春秋
亜竜木	Alluaudia procera		ディディエレア科	夏
アルギロデルマ デラエティー	Argyroderma delaetii	P12	ハマミズナ科	春秋
アルストニー(アナカンプセロス)	Anacampseros alstonii		スベリヒユ科	春秋
アルビッシマ(アナカンプセロス)	Anacampseros albissima		スベリヒユ科	春秋
アルブカ ウィスコーサ	Albuca viscosa		クサスギカズラ科	秋春
アルブカ コントラタ	Albuca contrata	P11	クサスギカズラ科	秋春
アルブカ スピラリス フリズルシズル	Albuca spiralis cv. 'Frizzle sizzle'		クサスギカズラ科	秋春
アルブカ ブルースベイエリ	Albuca bruce-bayeri	P74	クサスギカズラ科	秋春
アロイデンドロン ピランシー(アロエ)	Aloe pillansii		ツルボラン科	夏冬
アロイノプシス セティフェラ	Aloinopsis setifera		ハマミズナ科	夏冬
アロエ アリスタタ	Aloe aristata	P53	ツルボラン科	夏冬
アロエ アルボレッセンス	Aloe arborescens	P10	ツルボラン科	夏冬
アロエ ヴァオサンダ	Aloe vaotsanda		ツルボラン科	春秋
アロエ カスティロニアエ	Aloe castilloniae	P51	ツルボラン科	夏冬
アロエ グラキリス	Aloe gracilis	P53	ツルボラン科	夏冬
アロエ グラブレッセンス	Aloe glabrescens		ツルボラン科	春秋
アロエ コルトリリオイデス ウーリアナ	Aloe chortolirioides woolliana		ツルボラン科	夏冬
アロエ スプラフォリアータ	Aloe suprafoliata	P52	ツルボラン科	夏冬
アロエ スペシオーサ	Aloe speciosa	P10	ツルボラン科	夏冬
アロエ デ(ディ)スコイングシー	Aloe descoingsii		ツルボラン科	春秋
アロエ ディクトマ	Aloe dichotomum	P10	ツルボラン科	夏冬
アロエ デリカティフォリア	Aloe delicatifolia		ツルボラン科	夏冬
アロエ ドロセ(テ)アエ	Aloe dorotheae		ツルボラン科	夏冬
アロエ ドロセロイデス	Aloe droseroides		ツルボラン科	夏冬
アロエ ハエマンティフォリア	Aloe haemanthifolia		ツルボラン科	夏冬
アロエ ハオルチオイデス	Aloe haworthioides		ツルボラン科	春秋
アロエ ピランシー	Aloe pillansii	P50	ツルボラン科	夏冬
アロエ フィンブリアリス	Aloe fimbrialis		ツルボラン科	春秋
アロエ プロストラータ	Aloe prostrata		ツルボラン科	夏冬
アロエ ペアルソニー	Aloe pearsonii	P53	ツルボラン科	夏冬
アロエ ポリフィラ	Aloe polyphylla	P52	ツルボラン科	春冬
アロエ マルロシー	Aloe marlothii	P10	ツルボラン科	夏冬
アローディア アスケンデンス	Alluaudia ascendens		ディディエレア科	夏
アローディア フンベルティ	Alluaudia humbertii		ディディエレア科	夏
アローディア モンタグナッキー	Alluaudia montagnacii	P54	ディディエレア科	夏
アロス(センペルビウム)	Sempervivum aross		ベンケイソウ科	春秋
アングスティロバ(エキドノプシス)	Echidnopsis angustiloba		ガガイモ科	夏
アンスリウム ベイチー	Anthurium veitchii		サトイモ科	夏
アンドロシンビウム クリスパム	Androcymbium crispum	P11	ユリ科	秋春
アンボボンペンシス(ユーフォルビア)	Euphorbia ambovombensis		トウダイグサ科	夏
アンボンゲンセ(パキポディウム)	Pachypodium ambongense		キョウチクトウ科	夏
怒竜頭(ユーフォルビア ミクラカンタ)	Euphorbia micracantha		トウダイグサ科	夏
五十鈴玉	Fenestralia rhopalophylla	P142	ハマミズナ科	春秋
イネルミス(ユーフォルビア)	Euphorbia inermis		トウダイグサ科	夏
イノピナツム	Pachypodium rosulatum var. inopinatum	P18	キョウチクトウ科	夏
イベルビレア テヌイセクタ	Ibervillea tenuisecta		ウリ科	夏
イベルビレア リンドヘイメリ	Ibervillea lindheimeri		ウリ科	夏
イポメア ウェルウィッチー	Ipomoea welwitschii		ヒルガオ科	夏
イポメア カイリカ	Ipomaea cairica		ヒルガオ科	夏
イポメア タルメンシス	Ipomoea tarmensis		ヒルガオ科	夏
イポメア プラテンセ	Ipomoea platense		ヒルガオ科	夏

和名	学名	ページ	科	季節
イポメア ホルビー	Ipomoea holubii	P55	ヒルガオ科	夏
イポメア ラピドサ	Ipomoea lapidosa		ヒルガオ科	夏
芋花キリン	Euphorbia millii tenuispina		トウダイグサ科	夏
（ユーフォルビア テヌイスピナ）				
インディカ	Sinocrassula indica		ベンケイソウ科	春秋
インパチェンス ミラビリス	Impatiens mirabilis		ツリフネソウ科	冬
ウィッテベルゲンゼ(コノフィツム)	Conophytum wittebergense		ハマミズナ科	秋春
ウィンクレリー（セダム）	Sedum winkrelii		ベンケイソウ科	春秋
ウィンゾリー	Pachypodium baronii var. windsorii	P18	キョウチクトウ科	夏
ウエストレインボー（エケベリア）	Echeveria 'Western Rainbow'		ベンケイソウ科	春秋
ウェルウィッチア ミラビリス(奇想天外)	Welwitschia mirabilis	P13,P56	ウェルウィッチア科	夏
うつぼ錦	Avonia alstonii		スベリヒユ科	春秋
ウトリクラリア ブランケッティ	Utricularia blanchetii		タヌキモ科	春秋
裏般若	Haworthia comptoniana 'Ura Han-nya'	P109	ツルボラン科	秋春
ウンカリーナ ルーズリアナ	Uncarina roeoesliana	P57	ゴマ科	夏
ウンビリクス ルペストリス	Umbilicus rupestris	P75	ベンケイソウ科	冬
エーレンベルギー バナナ(サンセベリア)	Sansevieria ehrenbergii Banana		リュウゼツラン科	夏
エキノカクタス グルソニー	Echinocactus grusonii		サボテン科	夏
エクティブム ブロウニー(コノフィツム)	Conophytum ectipum brownii		ハマミズナ科	秋春
エクメア トリアングラリス	Aechmea triangularis		パイナップル科	春秋
エクメア ブロメリイフォリア	Aechmea bromeliifolia		パイナップル科	春秋
エケベリア ベルビータ	Echeveria belvita	P59	ベンケイソウ科	春秋
エケベリア アガボイデス	Echeveria agavoides	P59	ベンケイソウ科	春秋
エケベリア ミニマ	Echeveria minima	P59	ベンケイソウ科	春秋
エケベリア メキシカン ジャイアント	Echeveria 'Mexican Giant'	P59	ベンケイソウ科	春秋
エケベリア ラウイ	Echeveria laui	P59	ベンケイソウ科	春秋
エケベリア ロメオ	Echeveria agavoides 'Romeo'	P59	ベンケイソウ科	春秋
エスタニョール（クラッスラ）	Crassula 'Estagnol'		ベンケイソウ科	春秋
エディスコレア グランディス	Edithcolea grandis		ガガイモ科	夏
恵比寿大黒（パキポディウム デンシカウレ）	Pachypodium Densicaule		キョウチクトウ科	夏
エブルネウム	Pachypodium eburneum	P18	キョウチクトウ科	夏
エボニー（エケベリア）	Echeveria 'Ebony'		ベンケイソウ科	春秋
エボリスピナ（アガベ）	Agave uthaensis var.eboripsina		リュウゼツラン科	春秋
（アガベ ユタエンシス エボリスピナ）				
エラフォグロッサム ペルタタム	Elaphoglossum peltatum		オシダ科	夏
エリオシケ オクルタ	Eriosyce occulta		サボテン科	夏
エリオスペルマム アルキ(シ)コルネ	Eriospermum alcicorne		キジカクシ科	秋春
エリオスペルマム エリナム	Eriospermum erinum	P74	キジカクシ科	秋春
エリオスペルマム クーペリ	Eriospermum cooperi		キジカクシ科	秋春
エリオスペルマム ゼイヘリ	Eriospermum zeyheri		キジカクシ科	秋春
エリオスペルマム ドレゲイ	Eriospermum dregei		キジカクシ科	秋春
エリオスペルマム パラドクサム	Eriospermum paradoxum	P11,P71	キジカクシ科	秋春
エリオスペルマム ボウイエアナム	Eriospermum bowieanum		キジカクシ科	秋春
エリオスペルマム マッケニー	Eriospermum mackenii		キジカクシ科	秋春
エリオスペルマム ムルチフィダム	Eriospermum multifidum	P74	キジカクシ科	秋春
エリオスペルマム ランセイフォリウム	Eriospermum lanceifolium		キジカクシ科	秋春
エリサエ（コチレドン）	Cotyledon eliseae		ベンケイソウ科	春秋
エリナケア（アロエ）	Aloe erinacea		ツルボラン科	夏秋
エレファントリザ エレファンティナ	Elephantorrhiza elephantina		マメ科	夏
円空	Conophytum marnierianum hybrid	P141	ハマミズナ科	秋冬春
エンコリリウム エロイサエ	Encholirium heloisae		パイナップル科	夏
エンコリリウム スペクタビレ	Encholirium spectabile		パイナップル科	夏
エンコリリウム ホリダム	Encholirium horridum		パイナップル科	夏
エンジェルティアーズ(大弦月城錦)	Senecio herreanus f.variegata		キク科	夏秋
エンセファラルトス ホリダス	Encephalartos horridus	P92	ザミア科	夏
エンセファラルトス ラナタス	Encephalartos lanatus	P94	ザミア科	夏
閻魔キリン（エスクレンタ）	Euphorbia esculenta		トウダイグサ科	夏
王冠瑠璃兜	Astrophytum asterias 'Ookanrurikabuto'	P41	サボテン科	夏
黄金琥珀玉	Lithops bella	P140	ハマミズナ科	春秋
黄金月兎耳（おうごんつきとじ）	Kalanchoe tomentosa 'Golden Girl'		ベンケイソウ科	夏秋
王妃甲蟹（おうひかぶとがに）、甲蟹	Agave isthmensis		リュウゼツラン科	春秋
王妃甲蟹錦 タイプA	Agave isthmensis		リュウゼツラン科	春秋
（おうひかぶとがににしき）				
王妃笹の雪	Agave filifera 'Pinky'	P37	リュウゼツラン科	春秋
オエセオクラデス グラキリマ	Oeseoclades gracillima		ラン科	夏秋
オエセオクラデス スクレロフィラ	Oeceoclades cf. sclerophylla		ラン科	夏秋
オエセオクラデス スパツリフェラ	Oeceoclades spathulifera		ラン科	夏秋
大型銀月（おおがたぎんげつ）	Senecio haworthii f.largeform		キク科	夏秋
大型緑塔（おおがたりょくとう）	Crassula pyramidalis		ベンケイソウ科	春秋
大津絵（おおつえ）	Lithops otzeniana	P140	ハマミズナ科	春秋
オーニソガルム コンコルディアヌム	Ornithogalum concordianum	P75	キジカクシ科	春秋
オーニソガルム トルツオスム	Ornithogalum tortuosum	P75	キジカクシ科	春秋
オーニソガルム ユニフォリアツム	Ornithogalum unifoliatum		キジカクシ科	春秋
オーニソグロッサム ブルガレ	Ornithoglossum vulgare	P11	イヌサフラン科	春秋
大花犀角	Stapelia grandiflora		ガガイモ科	夏
オオフィツム ナヌム	Oophytum nanum	P12	ハマミズナ科	秋春
大紅巻絹（おおべにまきぎぬ）	Sempervivum 'Ohbenimakiginu'		ベンケイソウ科	夏秋
オーロラ(虹の玉 斑入り)	Sedum rubrotinctum 'Aurora'	P90	ベンケイソウ科	春秋
オキザリス パルミフロンス	Oxalis palmifrons		カタバミ科	秋春
オトンナ アルブスクラ	Othonna arbuscula		キク科	秋春
オトンナ アルミアナ	Othonna armiana		キク科	秋春
オトンナ オレアケア	Othonna oleracea		キク科	秋春
オトンナ カカリオイデス	Othonna cacalioides		キク科	秋春
オトンナ クエルシフォリア	Othonna quercifolia		キク科	秋春
オトンナ クラビフォリア	Othonna clavifolia	P61	キク科	秋春
オトンナ シクロフィラ	Othonna cyclophylla	P61	キク科	秋春
オトンナ トリプリネルビア	Othonna triplinervia		キク科	秋春
オトンナ ハリー	Othonna hallii		キク科	秋春
オトンナ フルカタ	Othonna furcata		キク科	秋春
オトンナ プロテクタ	Othonna protecta		キク科	秋春
オトンナ マクロスペルマ	Othonna macrosperma		キク科	秋春
オトンナ ユーフォルビオイデス	Othonna euphorbioides	P60	キク科	秋春
オトンナ ラシオカルパ	Othonna lasiocarpa		キク科	秋春
オトンナ レトロフラクタ	Othonna retrofracta		キク科	秋春
オトンナ レトロルサ	Othonna retrorsa		キク科	秋春
オトンナ レピドカウリス	Othonna lepidocaulis	P61	キク科	秋春
オトンナ ロバタ	Othonna lobata		キク科	秋春
鬼笑い（ユーフォルビア エクロニー）	Euphorbia ecklonii		トウダイグサ科	夏秋
オハイオバーガンディ（センペルビウム）	Sempervivum 'Ohio Burgundy'		ベンケイソウ科	春秋
オブツーサ（ハオルチア）	Haworthia obtusa		ツルボラン科	秋春
オプンチア ビオラケア	Opuntia basilaris var. caudata		サボテン科	夏
オプンチア ビオラケア	Opuntia violacea		サボテン科	夏
オペラローズ（コノフィツム）	Conophytum 'Opera Rose'		ハマミズナ科	秋春
オペルクリカリア デカリー	Operculicarya decaryi	P65	ウルシ科	夏
オペルクリカリア パキプス	Operculicarya pachypus	P7,P62	ウルシ科	夏
オペルクリカリア ヒファエノイデス	Operculicarya hyphaenoides	P64	ウルシ科	夏
オペルクリカリア ボレアリス	Operculicarya borealis	P64	ウルシ科	夏
朧（おぼろづき）	Graptopetalum paraguayense		ベンケイソウ科	春秋
親指姫	Dactylopsis digitata		ハマミズナ科	秋春
オリーブ玉	Lithops olivaceae		ハマミズナ科	春秋
オルソフィツム ザノニー	Orthophytum zanonii		パイナップル科	夏秋
オルテゴカクタス マクドガリー	Ortegocactus macdougallii		サボテン科	夏
オンスロー（エケベリア）	Echeveria onslow		ベンケイソウ科	春秋

カ

和名	学名	ページ	科	季節
雅楽の舞（ががくのまい）	Portulacaria afra variegata		スベリヒユ科	夏秋
かがり火	Conophytum 'Kagaribi'	P141	ハマミズナ科	秋冬春
臥牛	Gasteria armstrongii	P67	ツルボラン科	春夏秋
臥牛 きらら（がぎゅう きらら）	Gasteria armstrongii 'Kirara'		ツルボラン科	春夏秋
カクチペス	Pachypodium cactipes	P18	キョウチクトウ科	夏
かぐや姫	Epithelantha micromeris ungulispina		サボテン科	夏
カシミアバイオレット（アエオニウム）	Aeonium 'Cashmere Violet'		ベンケイソウ科	秋冬春
カシミヤ	Sedum mocinianum	P90	ベンケイソウ科	春秋
ガステリア エクセルサ	Gasteria excelsa	P67	ツルボラン科	春秋
ガステリア ピランシー	Gasteria pillansii	P66	ツルボラン科	春秋
ガステリア ラウリンソニー	Gasteria rawlinsonii	P67	ツルボラン科	春秋
火星人	Fockea edulis		ガガイモ科	夏
ガゼル（センペルビウム）	Sempervivum 'Gazelle'		ベンケイソウ科	春秋
鵞鳥和尚	Tephrocactus dimorphus		サボテン科	夏
金棒の木	Didierea madagascariensis		ディディエレア科	夏
峨眉山	Euphorbia × 'Gabisan'		トウダイグサ科	夏
峨眉山（がびさん）	Euphorbia 'Gabisan'		トウダイグサ科	夏
兜	Astrophytum asterias	P41	サボテン科	春秋
カペンシス ルビーネックレス（オトンナ）	Othonna capensis 'Ruby Necklace'		キク科	秋春
唐扇（からおうぎ）	Aloinopsis schoonesii		ハマミズナ科	春秋
唐扇（アロイノプシス スクーネーシー）	Aloinopsis schoonesii		ハマミズナ科	春秋
カラルマ フラヴァ	Caralluma flava		ガガイモ科	夏
カランコエ プロリフェラ	Kalanchoe prolifera	P68	ベンケイソウ科	夏秋
カリバナス フーケリー	Calibanus hookeri		リュウゼツラン科	夏
枯野葵（かれのあおい）	Pelargonium carnosum		フウロソウ科	秋春
歓喜天（ユーフォルビア ファンシクラータ）	Euphorbia fasciculata		トウダイグサ科	夏
カンテ（エケベリア）	Echeveria cante		ベンケイソウ科	春秋

和名	学名	ページ	科	季節
観峰玉	Fouquieria columnaris		フォークイエリア科	夏
紀の川(きのかわ)	Crassula 'Moon Glow'		ベンケイソウ科	夏秋
奇怪ヶ島(ユーフォルビア スクアロッサ)	Euphorbia squarrosa		トウダイグサ科	夏
菊玉(きくごうぎょく)	Frithia humilis		フォークイエリア科	夏
菊章玉(きくしょうぎょく)	Lithops 'Kikushougyoku'		ハマミズナ科	春夏秋
菊水	Strombocactus disciformis		サボテン科	夏
キクランテロプシス パルビフローラ	Cyclantheropsis parviflora		ウリ科	夏
輝山	Agave victoriae reginae 'Kizan'	P38	リュウゼツラン科	夏
貴青玉(ユーフォルビア メロフォルミス)	Euphorbia meloformis		トウダイグサ科	夏
鬼棲木(ハマタ)	Euphorbia hamata		トウダイグサ科	夏
奇想天外(きそうてんがい)	Welwitschia mirabilis		ウェルウィッチア科	夏
亀甲団扇	Opuntia zebrina f. reticulata		サボテン科	夏
亀甲竜	Dioscorea elephantipes	P58	ヤマノイモ科	秋春
吉祥冠覆輪	Agave potatorum 'Kishoukan' marginata	P38	リュウゼツラン科	夏
吉祥天	Agave parryi var.huachucensis	P38	リュウゼツラン科	夏
狐尾(きつねお)	Homalomena 'Fox' tail		サトイモ科	春秋
茸ウチワ	Puna clavarioides	P139		
黄花鸞形玉	Lithops marmorata		ハマミズナ科	春夏秋
黄微紋玉	Lithops fulviceps fulviceps Aurea		ハマミズナ科	春夏秋
キフォステンマ エレファントプス	Cyphostemma elephantopus		ブドウ科	夏
キフォステンマ クローリー	Cyphostemma currorii		ブドウ科	夏
キフォステンマ セイチアナ	Cyphostemma seitziana	P70	ブドウ科	夏
キフォステンマ パキプス	Cyphostemma pachypus		ブドウ科	夏
キフォステンマ ヒポレウクム	Cyphostemma hypoleucum		ブドウ科	夏
キフォステンマ ベティフォルメ	Cyphostemma betiforme	P69,P70	ブドウ科	夏
キフォステンマ マクロプス	Cyphostemma uter var. macropus	P69	ブドウ科	夏
キフォステンマ モンタグナッキー	Cyphostemma montagnacii	P70	ブドウ科	夏
キフォステンマ ラザ	Cyphostemma laza		ブドウ科	夏
奇峰錦(きほうにしき)	Tylecodon wallichii		ベンケイソウ科	秋夏
キピリコラ(アロエ)	Aloe capitata cipoliniicola		ツルボラン科	春秋
キムナッキー(クラッスラ)	Crassula 'Kimnachi'		ベンケイソウ科	夏秋
ギムノカリキウム サグリオニス	Gymnocalycium saglionis		サボテン科	夏
ギムノカリキウム スペガジーニ	Gymnocalycium spegazzinii		サボテン科	秋春
逆鱗丸	Copiapoa Haseltoniana		サボテン科	夏秋
逆鱗竜(クランデスティナ)	Euphorbia clandestina		トウダイグサ科	夏
キャロル(エケベリア)	Echeveria 'Carol'		ベンケイソウ科	夏秋
牛舌殿	Gasteria pillansii		ツルボラン科	夏
恐竜ピランシー	Gasteria pillansii		ツルボラン科	夏
恐竜錦	Gasteria pillansii f. variegata		ツルボラン科	夏
玉翁殿	Mammillaria hahniana f. lanata		サボテン科	夏秋
玉扇(ぎょくせん)	Haworthia truncate		ツルボラン科	秋春
玉扇 大久保ブルーレンズ	Haworthia truncate	P107	ツルボラン科	秋春
玉鱗宝(グロボーサ)	Euphorbia globosa		トウダイグサ科	夏
玉蓮(ぎょくれん)	Sedum furfuraceum		ベンケイソウ科	夏
キリン角 綴化 斑入り	Euphorbia neriifolia cristata variegata		トウダイグサ科	夏
キルタンサス スピラリス	Cyrtanthus spiralis	P72	ヒガンバナ科	冬
キルタンサス スミシアエ	Cyrtanthus smithiae		ヒガンバナ科	秋冬春
銀海波(ぎんかいなみ)	Faucaria felina		ハマミズナ科	夏秋
銀月(ぎんげつ)	Senecio haworthii		キク科	秋春
金城(きんじょう)	Haworthia margaritifera f.aureo-variegata		ツルボラン科	春秋
銀箭(ぎんぞろえ)	Crassula mesembrianthoides		ベンケイソウ科	夏
銀波錦(ぎんぱにしき)	Cotyledon orbiculata 'Undulate'		ベンケイソウ科	夏
銀竜(ぎんりゅう)	Pedilanthus tithymaloides		トウダイグサ科	夏
金鈴	Argyroderma rosenum	P142	ハマミズナ科	春秋
クアルチチコラ(アロエ)	Aloe capitata quartziticola		ツルボラン科	春秋
孔雀丸(ユーフォルビア フラナガニー)	Euphorbia flanaganii		トウダイグサ科	夏
九頭竜(ユーフォルビア イネルミス)	Euphorbia inermis		トウダイグサ科	夏
クビフォルメ(パセウドリトス)	Pseudolithos cubiforme		ガガイモ科	夏
熊童子(くまどうじ)	Cotyledon tomentosa ladismithensis		ベンケイソウ科	夏冬
熊童子錦(くまどうじにしき)	Cotyledon ladismithensis f.variegata		ベンケイソウ科	夏冬
隈取	Haworthia picta 'Kumadori'	P107	ツルボラン科	秋春
グラウカ(パキベリア)	Pachyveria 'Glauca'		ベンケイソウ科	夏秋
グラウカ、幻蝶かずら(アデニア)	Adenia glauca		トウダイグサ科	夏
グラキリウス	Pachypodium gracilius	P18	キョウチクトウ科	夏
グラシカウレ(サウコカウロン)	Sarcocaulon crassicaule		フウロソウ科	秋春
クラッスラ カペンシス	Crassula capensis			
クラッスラ キムナッチー	Crassula kimnachii			
クラッスラ ネモロサ	Crassula nemorosa			
クラッスラ ホッテントッタ	Crassula sericea var. hottentotta			夏冬
クラッスラ sp. トランスバール	Crassula socialis			夏冬
クラバツム(セダム)	Sedum clavatum		ベンケイソウ科	夏冬
グリーンイグアナ(ハオルチア)	Haworthia 'Green Iguana'		ツルボラン科	秋春
グリーンスマイル(エケベリア)	Echeveria green smile		ベンケイソウ科	夏秋
グリーンネックレス(セネキオ)	Senecio rowleyanus		キク科	夏秋
倶梨伽羅玉(ユーフォルビア クラッシペス)	Euphorbia crassipes		トウダイグサ科	夏
クリストフォリナム(ペラゴニウム)	Pelargonium christophoranum		フウロソウ科	秋春
クリスプム(アデニウム)	Adenium somalense var. crispum		キョウチクトウ科	夏
クリスマス(エケベリア)	Echeveria 'Christmas'		ベンケイソウ科	夏秋
クリスマスキャロル(アロエ)	Aloe 'Christmas Carol'		ツルボラン科	春秋
クリプタンサス アイスエイジ	Cryptanthus 'Ice Age'		パイナップル科	夏冬
九輪塔(ハオルチア カルウィニー)	Haworthia reinwardtii chalwinii		ツルボラン科	秋春
胡桃キリン(ユーフォルビア ジュグランス)	Euphorbia juglans		トウダイグサ科	夏
クレイニア イサベラエ	Kleinia isabellae		キク科	夏冬
黒鬼城	Othonna euphorbioides		キク科	秋春
黒水晶(くろすいしょう)	Haworthia 'Kurosuishou'		ツルボラン科	秋春
クロッシネ フラバ	Crossyne flava	P74	ベンケイソウ科	冬
グロッソネマ バリアンス	Glossonema varians		ガガイモ科	夏
黒法師(くろほうし)	Aeonium arboreum 'Atropurpureum'		ベンケイソウ科	秋冬春
グロボーサ(アデニア)	Adenia globosa		トウダイグサ科	夏
黒羅漢	Eriosyce esmeraldana		サボテン科	夏秋
群玉(くんぎょく)	Fenestraria rhopalophylla		ハマミズナ科	夏冬
群雀(くんじゃく)	Pachyphytum 'Kyoubijin'		ベンケイソウ科	夏秋
群星冠(ステリスピナ)	Euphorbia stellispina		トウダイグサ科	夏
群星冠錦(ステリスピナ、群星冠)	Euphorbia stellispina f. variegata		トウダイグサ科	夏
群毛ビ(セダム フルフラセウム)	Sedum furfuraceum		ベンケイソウ科	夏
群卵(ぐんらん)	Tylecodon sinus-alexandra		ベンケイソウ科	秋春
ゲア	Pachypodium geayi	P18	キョウチクトウ科	夏
恵毛ビ(シンチア クニゼイ)	Cintia knizei		サボテン科	夏
ゲオヒントニア メキシカーナ	Geohintonia mexicana		サボテン科	夏
ゲチリス	Gethyllis	P11	ヒガンバナ科	秋冬
ゲチリス アフラ	Gethyllis afra		ヒガンバナ科	秋春
ゲチリス ヴィローサ	Gethyllis villosa	P11,P74	ヒガンバナ科	冬
ゲチリス グランディフローラ	Gethyllis grandiflora		ヒガンバナ科	秋春
ゲチリス スピラリス	Gethyllis spiralis		ヒガンバナ科	秋春
ゲチリス セトーサ	Gethyllis setosa		ヒガンバナ科	秋春
ゲチリス ブリッテニアナ	Gethyllis britteniana	P74	ヒガンバナ科	冬
ゲチリス リネアリス	Gethyllis linealis	P74	ヒガンバナ科	冬
ゲチリス ラヌギノーサ	Gethyllis lanuginosa		ヒガンバナ科	秋春
月兎美人(げっとびじん)	Pachyphytum 'Gekkabijin'		ベンケイソウ科	夏秋
月光(クラッスラ バルバータ)	Crassula barbata		ベンケイソウ科	夏冬
ケドロスティス アフリカーナ	Kedrostis africana		ウリ科	秋
毛羽玉(けばだま)	Drimia platyphylla		ユリ科	夏冬
ケファロペンタンドラ エキロッサ	Cephalopentandra ecirrhosa		ウリ科	夏
ケラリア ナマクエンシス	Ceraria namaquensis	P77	スペリヒユ科	夏冬
ケラリア ピグマエア	Ceraria pygmaea	P76,P77	スペリヒユ科	夏冬
ゲラルダンサス ロバツス	Gerrardanthus lobatus		ウリ科	夏
幻想鳥(ミトロフィルム ディッシツム)	Mitrophyllum dissitum		ハマミズナ科	秋春
幻蝶かずら	Adenia glauca		トウダイグサ科	夏
紅彩閣(こうさいかく)	Euphorbiaenopla		トウダイグサ科	夏
晃山	Leuchtenbergia principis		サボテン科	春夏秋
降魔の剣(スインズィー)	Euphorbia schinzii		トウダイグサ科	夏
ゴーラム(クラッスラ)	Crassula portulacea 'Gollum'		ベンケイソウ科	夏秋
氷砂糖(こおりざとう)	Haworthia turgida variegata		ツルボラン科	秋春
子亀姫(こがめひめ)	Gasteria bicolor var. liliputana		ツルボラン科	夏
黒王丸	Copiapoa cinerea	P78	サボテン科	夏
黒士冠	Copiapoa dealbata	P78	サボテン科	夏
黒曜玉	Lithops shwawmtesii var.rugosa	P138	ハマミズナ科	春夏秋
黒竜	Pterocactus tuberosus		サボテン科	夏秋
五色万代	Agave lopantha 'Quadricolor'	P37	リュウゼツラン科	夏
古城(こじょう)	Pterodiscus speciosus		ゴマ科	夏
コスミアンセマム ブラータム	Cosmianthemum bullatum		キツネノマゴ科	夏春
子宝錦(こだからにしき)	Gasteria gracilis var.minima		ツルボラン科	夏
子宝弁慶草(こだからべんけいそう)	Kalanchoe daigremontiana		ベンケイソウ科	夏秋
子猫の爪(こねこのつめ)	Cotyledon tomentosa ladismithensis 'Konekonotsume'		ベンケイソウ科	夏秋
コノフィツム アングスツム	Conophytum angustum	P141	ハマミズナ科	秋冬春
コノフィツム ウィッテベルゲンセ	Conophytum wittebergense	P141	ハマミズナ科	秋冬春
コノフィツム ウィッテベルゲンセ	Conophytum wittebergense		ハマミズナ科	秋春
コノフィツム ウルスプルンギアヌム	Conophytum ursprungianum		ハマミズナ科	秋春
コノフィツム ウルスプルンギアヌム(白)	Conophytum ursprungianum	P141	ハマミズナ科	秋冬春
コノフィツム エカリナツム	Conophytum ecarinatum	P141	ハマミズナ科	秋冬春
コノフィツム エクティブム	Conophytum ectypum		ハマミズナ科	秋春
コノフィツム カルクラス	Conophytum calculus		ハマミズナ科	秋春

和名	学名	ページ	科名	季節
コノフィツム クラベレンセ	Conophytum klaverense		ハマミズナ科	秋春
コノフィツム コンカバム	Conophytum concavum	P141	ハマミズナ科	秋冬春
コノフィツム タイロリアナム	Conophytum taylorianum		ハマミズナ科	秋春
コノフィツム ビロブム	Conophytum bilobum		ハマミズナ科	秋春
コノフィツム フーレリー	Conophytum fulleri		ハマミズナ科	秋春
コノフィツム ブルゲリ	Conophytum burgeri		ハマミズナ科	秋春
コノフィツム ペルシダム	Conophytum pellucidum		ハマミズナ科	秋春
コノフィツム ボルシアエ	Conophytum bolusiae		ハマミズナ科	秋春
コノフィツム マルギナツム	Conophytum marginatum		ハマミズナ科	秋冬春
コノフィツム ミドルモスティー	Conophytum middlemostii		ハマミズナ科	秋春
コノフィツム ミヌツム	Conophytum minutum	P141	ハマミズナ科	秋冬春
コノフィツム ルイザエ	Conophytum luisae	P141	ハマミズナ科	秋冬春
コノフィツム ルックホフィー	Conophytum luckhoffii		ハマミズナ科	秋春
コピアポア クラインジアナ	Copiapoa krainziana		サボテン科	夏秋
コピアポア コルムナアルバ	Copiapoa columna-alba		サボテン科	夏秋
コピアポア シネレア	Copiapoa cinerea		サボテン科	夏秋
コピアポア シネレア ハッセルトニアナ	Copiapoa cinerea haseltoniana		サボテン科	夏秋
コピアポア デアルバータ	Copiapoa dealbata		サボテン科	夏秋
コピアポア ロンギスタミネア	Copiapoa longistaminea		サボテン科	夏秋
小人の祭(こびとのまつり)	Aeonium sedifolium		ベンケイソウ科	秋冬夏
小人の帽子	Epithelantha bokei		サボテン科	夏秋
仔吹きオベサ(プロリフェラ)	Euphorbia obesa f.prolifera		トウダイグサ科	夏
仔吹き紅鳥帽子	Opuntia microdasys subsp. rufida f. minima		サボテン科	夏秋
小松緑(セダム ムルチセプス)	Sedum multiceps		ベンケイソウ科	夏
コミフォラ PV2590	Commiphora sp. nov. PV2590	P85	カンラン科	夏秋
コミフォラ アフリカーナ	Commiphora africana		カンラン科	夏秋
コミフォラ エイル	Commiphora 'Eyl'	P82	カンラン科	夏秋
コミフォラ sp. エイリ	Commiphora 'Eyl'	P84	カンラン科	夏秋
コミフォラ エミニー	Commiphora eminii		カンラン科	夏秋
コミフォラ カタフ	Commiphora kataf	P84	カンラン科	夏秋
コミフォラ ガイドティー	Commiphora guidottii	P82	カンラン科	夏秋
コミフォラ クラウセリアーナ	Commiphora kraeuseliana	P83	カンラン科	夏秋
コミフォラ シンプリキフォリア	Commiphora simplicifolia	P85	カンラン科	夏秋
コミフォラ ターカネンシス	Commiphora kataf var. turkanensis	P84	カンラン科	夏秋
コミフォラ トゥリアラ	Commiphora tulear	P84	カンラン科	夏秋
コミフォラ ドレイク ブロックマニー	Commiphora drake-brockmanii	P85	カンラン科	夏秋
コミフォラ ピンネイトリーブス	Commiphora 'Pinnate leaves'	P81	カンラン科	夏秋
コミフォラ フォリアセア	Commiphora foliacea	P82	カンラン科	夏秋
コミフォラ フンベルティ	Commiphora humbertii	P83	カンラン科	夏秋
コミフォラ ボラネンシス	Commiphora boranensis	P83	カンラン科	夏秋
コミフォラ ミルラ	Commiphora myrrha	P80	カンラン科	夏秋
コミフォラ モンストローサ	Commiphora monstrosa	P85	カンラン科	夏秋
古紫(こむらさき)	Echeveria affinis		ベンケイソウ科	夏秋
子持ち蓮華	Orostachys boehmeri		ベンケイソウ科	夏秋
子持ち蓮華錦	Orostachys iwarenge boehmeri f.variegata		ベンケイソウ科	夏秋
コラロカルプス グロメルリフロルス	Corallocarpus glomerulifiorus		ウリ科	夏
コラロカルプス バイネシー	Corallocarpus bainesii		ウリ科	夏
コリバス スクテリフェル	Corybas scutellifer		サトイモ科	春夏秋
コリバス ディエメニカス	Corybas diemenicus		サトイモ科	春夏秋
コリバス ディラタタス	Corybas dilatatus		サトイモ科	春夏秋
ゴルドニー(フーディア)	Hoodia gordonii		ガガイモ科	夏
コンコルディアナ(アルブカ)	Albuca concordiana	P107	クサスギカズラ科	秋春
金輪際(ゴルゴニス)	Euphorbia gorgonis		トウダイグサ科	夏

サ

和名	学名	ページ	科名	季節
サイカス アングラータ	Cycas angulata	P94	ソテツ科	春秋
サイカス カイルンシアナ	Cycas cairnsiana	P93,P94	ソテツ科	春秋
サイカス ソウアルシー(マダガスカルソテツ)	Cycas thouarsii	P94	ソテツ科	春秋
サイカス タイ シルバー	Cycas sp. Thai Silver	P95	ソテツ科	春秋
サイカス ディオーン エデュレ	Cycas Dioon edule	P95	ソテツ科	春秋
サイカス パンジファエンシス	Cycas panzhihuaensis	P93	ソテツ科	春秋
サイカス レボルタ	Cycas revoluta	P95	ソテツ科	春秋
サウヴァゲシア セラータ	Sauvagesia serrata		オクナ科	春秋
サルコカウロン ヘレイ(竜骨城)	Sarcocaulon herrei		フウロソウ科	秋春
桜吹雪	Anacampseros rufescens f.variegata		スベリヒユ科	夏秋
桜竜(さくらりゅう)	Smicrostigma viride		ハマミズナ科	夏秋
柘榴玉	Lithops bromfieldii var. bromfieldii C279		ハマミズナ科	春夏秋
笹の雪	Agave victoriae-reginae		リュウゼツラン科	春秋
笹蟹丸(プルビナータ)	Euphorbia pulvinata		トウダイグサ科	夏
左大臣	Conophytum 'Sadaijin'	P141	ハマミズナ科	秋冬春
砂漠の薔薇(アデニウム オベスム)	Adenium obesum		キョウチクトウ科	夏
サブディスティカス(アドロミスクス)	Adromischus subdistichus		ベンケイソウ科	夏秋
サイカス ザミア フロリダーナ	Cycas Zamia Floridana	P95	ソテツ科	春秋
砂夜叉姫	Tylecodon grandiflorus		ベンケイソウ科	秋冬
サルコカウロン クラシカウレ	Sarcocaulon crassicaule	P87	フウロソウ科	秋春
サルコカウロン パターソニー	Sarcocaulon patersonii	P87	フウロソウ科	夏秋
サルコカウロン ヘレー	Sarcocaulon herre	P87	フウロソウ科	夏秋
サルコカウロン ムルチフィズム	Sarcocaulon multifidum	P86	フウロソウ科	夏秋
サンゴ油桐	Jatropha podagrica		トウダイグサ科	夏
サンセベリア バキュラリス ミカド	Sansevieria bacularis 'Mikado'	P88	スズラン亜(キジカクシ)科	春秋
サンセベリア ピングイクラ(イキュラ)	Sansevieria pinguicula		リュウゼツラン科	夏秋
サンセベリア ロリダ	Sansevieria 'Rorida'		リュウゼツラン科	夏秋
サンバースト(アエオニウム)	Aeonium urbicum f.variegata 'Sunburst'		ベンケイソウ科	秋冬夏
地むぐり花キリン(プリムリフォリア)	Euphorbia primulifolia		トウダイグサ科	夏
C330朱弦玉	Lithops karasmontana lericheana	P140	ハマミズナ科	春夏秋
ジェイドスター(エケベリア)	Echeveria agavoides 'Jade Star'		ベンケイソウ科	夏秋
式部(クラパ)	Euphorbia clava		トウダイグサ科	夏
紫勲(しくん)	Lithops lesliei		ハマミズナ科	春夏秋
紫勲玉	Lithops lesliei	P140	ハマミズナ科	春夏秋
ジゴシキオス トリパーティツス	Zygosicyos tripartitus		ウリ科	夏
ジゴシキオス プベスセンス	Zygosicyos pubescens		ウリ科	夏
静波	Rabiea albipuncta	P142	ハマミズナ科	秋冬春
七福神(しちふくじん)	Echeveria racemosa		ベンケイソウ科	夏秋
シッサス ツベローサ	Cissus tuberosa		ブドウ科	夏
シッタリア ダーウィニー	Cyttaria darwinii		シッタリア科	夏
七宝珠錦(しっぽうじゅにしき)	Senecio articulatus		キク科	夏秋
シバ女王の玉櫛 (パキポディウム デンシフローラム)	Pachypodium densiflorum		キョウチクトウ科	夏
紫福紫勲玉	Lithops lesliei	P140	ハマミズナ科	春夏秋
縞馬(赤鬼角)	Huernia zebrina		ガガイモ科	夏
紫紋竜(モナデニウム グエンテリ)	Monadenium guentheri		トウダイグサ科	春秋
ジャイアントラビット(カランコエ)	Kalanchoe tomentosa 'Giant'		ベンケイソウ科	夏秋
蛇形竜(ムイリー)	Euphorbia muirii		トウダイグサ科	夏
蛇鱗丸(ユーフォルビア デイビー)	Euphorbia davyi		トウダイグサ科	夏
上海ローズ	Sempervivum Shanghai Rose		ベンケイソウ科	夏秋
十二の巻	Haworthia fasciata	P109	ツルボラン科	秋春
鷲卵丸(ガトベルゲンシス)	Euphorbia gatbergensis		トウダイグサ科	夏
秋麗(しゅうれい)	Graptosedum 'Francesco Baldi'		ベンケイソウ科	夏秋
寿珠玉(クラッスラ ルペストリス)	Crassula rupestris		ベンケイソウ科	夏秋
朱唇玉	Lithops karasmontana karasmontana var. karasmontana 'Topred'		ハマミズナ科	春夏秋
数珠星(じゅずぼし)	Crassula mernieriana		ベンケイソウ科	夏秋
樹氷	Agave parviflora ssp. flexiflora	P37	リュウゼツラン科	夏秋
春鸞嘯錦	Gasteria batesiana	P67	ツルボラン科	秋春夏
鐙鬼	Tylecodon cacalioides		ベンケイソウ科	秋冬
小公子(しょうこうし)	Conophytum 'Shoukousi'		ハマミズナ科	秋春
松露玉	Blossfeldia liliputana		サボテン科	夏秋
ショエノルキス フラグランス	Schoenorchis fragrans		ラン科	夏秋
白糸の王妃笹の雪錦	Agave filifera variegata		リュウゼツラン科	春秋
白糸の王妃	Agave filifera	P37	リュウゼツラン科	春秋
白樺麒麟	Euphorbia fimbriata .f. variegate	P148	トウダイグサ科	夏
白拍子(コノフィツム ロンガム)	Conophytum longum		ハマミズナ科	秋春
シルバースプリングタイム(クラッスラ)	Crassula 'Silver Springtime'		ベンケイソウ科	夏秋
紫麗殿錦(しれいでんにしき)	Pachyphytum 'Shireiden'		ベンケイソウ科	夏秋
白臥牛	Gasteria armstrongii hybrid	P67	ツルボラン科	秋春夏
白兜	Astrophytum asterias 'Shiro Kabuto'	P41	サボテン科	春秋
白鬼塔(フリードリヒアエ)	Euphorbia friedrichiae		トウダイグサ科	夏
白花黄紫勲	Lithops lesliei lesliei var. lesliei 'albinica' C36A		ハマミズナ科	春夏秋
白仏塔	Euphorbia arida		トウダイグサ科	夏
白牡丹	Graptoveria 'Titubans'		ベンケイソウ科	夏秋
シンコラエア アルボピロスム	Sincoraea albopilsum (albopitzum)		パイナップル科	春秋
シンコラエア バールマルクシー	Sincoraea burle-marxii		パイナップル科	春秋
新雪山	Agave victoriae-reginae variegata		リュウゼツラン科	夏秋
神想曲(アドロミスクス ポエルニツィアヌス)	Adromischus poellnitzianus		ベンケイソウ科	夏秋
神蛇丸(クラバリオイデス トルンカータ)	Euphorbia clavarioides truncata		トウダイグサ科	夏
神風玉	Cheiridopsis pillansii		ハマミズナ科	夏秋
シンメトリカ(ユーフォルビア)	Euphorbia obesa symmetrica		トウダイグサ科	夏
スアベオレンス(セダム)	Sedum suaveolens		ベンケイソウ科	夏秋
スーパー兜	Astrophytum asterias 'Super Kabuto'	P41	サボテン科	春秋
スキスマトグロッティス プセウドハッチイ	Schismatoglottis pseudohatchii		サトイモ科	春夏秋
スキスマトグロッティス メタリカ	Schismatoglottis 'Metallica'		サトイモ科	春夏秋
スキタリフォリア(サンセベリア)	Sansevieria scimitariformis		リュウゼツラン科	夏
スザンナエ(アロエ)	Aloe suzannae		ツルボラン科	春秋

和名	学名	ページ	科	季節
スタペリア グランディフローラ	Stapelia grandiflora	P89	ガガイモ科	夏
ステノセレウス エルカ	Stenocereus eruca		サボテン科	夏
ステファニア ヴェノサ	Stephania venosa		ツヅラフジ科	夏
ステファニー(コノフィツム)	Conophytum stephanii		ハマミズナ科	秋冬
スパルマントイデス(デロスペルマ)	Delosperma sphalmantoides		ハマミズナ科	秋春
スピラリス(アルブカ)	Albuca spiralis		クサスギカズラ科	秋春
スプリングワンダー(セダム)	Sedum 'Spling Wander'		ベンケイソウ科	夏秋
四馬路(すまろ)	Sinocrassula yunnanensis		ベンケイソウ科	夏秋
スルコレブチア ラウシー	Sulcorebutia rauschii		サボテン科	夏
精巧丸	Pelecyphora aselliformis		サボテン科	夏
青磁玉	Lithops helmuti	P140	ハマミズナ科	春夏秋
聖鈴玉	Ophthalmophyllum praesectum	P142	ハマミズナ科	秋冬春
セサモタムナス ブッセアヌス	Sesamothamnus busseanus		ゴマ科	夏
セダム スアベオレンス	Sedum suaveolens	P90	ベンケイソウ科	春秋
セネキオ サギナータス	Senecio saginatus		キク科	夏秋
セネキオ ラティペス	Senecio laticipes		キク科	夏秋
ゼブラ 十二の巻	Haworthia fasciata		ツルボラン科	秋春
ゼブリナ錦	Huernia zebrina		ガガイモ科	夏
セミバ	Haworthia semiviva		ツルボラン科	秋春
セレウス ペルビアヌス "スピラリス"	Cereus peruvianus f. 'spiralis'		サボテン科	春秋
セロペギア ディモルファ	Ceropegia dimorpha		ガガイモ科	夏
セロペギア プルプラッセンス	Ceropegia purpurascens		ガガイモ科	夏
セロペギア ボッセリ	Ceropegia bosseri		ガガイモ科	夏
閃光閣(ユーフォルビア ノベリー)	Euphorbia knobelii		トウダイグサ科	夏
センナ メリディオナリス	Senna meridionalis	P91	マメ科	夏
仙人の舞	Kalanchoe orgyalis		ベンケイソウ科	夏秋
センペルビウム オデッティー(ももえ)	Sempervivum tectorum 'Oddity'		ベンケイソウ科	夏秋
象の木	Pachycormus discolor		ウルシ科	夏
蒼角殿	Bowiea volubilis		ユリ科	春秋
象牙宮(グラキリウス)	Pachypodium rosulatum gracilius		キョウチクトウ科	夏
蘇鉄キリン	Euphorbia × 'Sotetsukirin'		トウダイグサ科	夏
ソフィエンセ	Pachypodium soflenseh	P18	キョウチクトウ科	夏
ソラノプテリス ビフロンス	Solanopteris bifrons		ウラボシ科	春秋
孫悟空	Kalanchoe tomentosa var.'Chocolate soldier'		ベンケイソウ科	夏秋

タ

和名	学名	ページ	科	季節
大観玉(三枚葉)	Lithops salicola 'Daikangyoku'	P138	ハマミズナ科	春夏秋
太古玉	Lithops comptonii		ハマミズナ科	春夏秋
大正キリン	Euphorbia echinus		トウダイグサ科	夏
ダウベニア カペンシス	Daubenya capensis		ヒヤシンス科	秋冬春
高砂の翁	Echeveria 'Takasagono-Okina'		ベンケイソウ科	夏秋
ダクチロプシス ディギタータ	Dactylopsis digitata	P12	ハマミズナ科	秋春
伊達法師	Aeonium 'Green Tea'		ベンケイソウ科	秋冬春
多頭キリン(ユーフォルビアマルチセプス)	Euphorbia multiceps		トウダイグサ科	夏
ダドレア グノマ	Dudleya gnoma		ベンケイソウ科	夏秋
多宝塔(ユーフォルビア メラノヒドラタ)	Euphorbia melanohydraea		トウダイグサ科	夏
玉つづり(ブリトー)	Sedum burrito	P90	ベンケイソウ科	春秋
玉扇,酒楽(たまおうぎ,しゅらく)	Haworthia truncata 'Sakaraku'		ツルボラン科	秋春
玉扇(たまおうぎ)	Haworthia truncata		ツルボラン科	秋春
玉扇錦(たまおうぎにしき)	Haworthia truncata	P106	ツルボラン科	秋春
玉杯(たまさかずき)	Umbilicus rupestris		ベンケイソウ科	夏秋
玉稚児(たまちご)	Crassula arta		ベンケイソウ科	夏秋
タリナム カフルム	Talinum caffrum		スベリヒユ科	夏
ダルマ緑塔	Crassula pyramidalis compactus		ベンケイソウ科	夏秋
断崖の女王	Sinningia leucotricha		イワタバコ科	春秋
稚児キリン(ユーフォルビア プセウドグロボーサ)	Euphorbia pseudoglobosa		トウダイグサ科	夏
稚児姿(クラッスラ デセプタ)	Crassula deceptor		ベンケイソウ科	夏秋
チノスポラ カッフラ	Tinospora caffra		ツヅラフジ科	夏
ちび花キリン(ユーフォルビア デカリー)	Euphorbia decaryi		トウダイグサ科	夏
茶笠(アナカンプセロス クリニタ)	Anacampseros crinita		スベリヒユ科	夏秋
朝波	Carruanthus peersii	P142	ハマミズナ科	秋春
千代田錦(ちよだにしき)	Aloe variegata		ツルボラン科	春秋
チレコドン エラフィエアエ	Tylecodon ellaphieae		ベンケイソウ科	秋冬春
チレコドン シングラリス	Tylecodon singularis		ベンケイソウ科	秋夏
チレコドン スルフレウス	Tylecodon sulphureus		ベンケイソウ科	秋夏
チレコドン トロローサス	Tylecodon torulosus		ベンケイソウ科	秋夏
チレコドン ノルテーイ	Tylecodon nolteei		ベンケイソウ科	秋夏
チレコドン バイエリ	Tylecodon bayeri		ベンケイソウ科	秋夏
チレコドン ハリー	Tylecodon hallii		ベンケイソウ科	秋夏
チレコドン ピグマエウス	Tylecodon pygmaeus		ベンケイソウ科	秋夏
チレコドン ヒルチフォリウス	Tylecodon hirtifolius		ベンケイソウ科	秋夏
チレコドン フィロポディウム	Tylecodon reticulatus phyllopodium		ベンケイソウ科	秋夏
チレコドン ブックホルジアヌス	Tylecodon buchholzianus	P97	ベンケイソウ科	秋春
チレコドン ペアルソニー	Tylecodon pearsonii	P97	ベンケイソウ科	秋夏
チレコドン ラケモサス	Tylecodon racemosus		ベンケイソウ科	秋夏
チレコドン レティキュラーツス	Tylecodon reticulatus	P96	ベンケイソウ科	秋夏
チレコドン ワリチー	Tylecodon wallichii	P97	ベンケイソウ科	秋夏
チワワエンシス(エケベリア)	Echeveria chihuahuaensis		ベンケイソウ科	夏秋
月美人(つきびじん)	Pachyphytum oviferum		ベンケイソウ科	夏秋
月兎耳(つきとじ)	Kalanchoe tomentosa		ベンケイソウ科	夏秋
筒葉ちび花キリン(ユーフォルビア キリンドリフォリア)	Euphorbia cylindrifolia		トウダイグサ科	夏
壷天狗	Cussonia paniculata		ウコギ科	夏
爪蓮華(つめれんげ)	Orostachys japonica		ベンケイソウ科	夏
艶日傘(つやひがさ)	Aeonium arboreum f.variegata		ベンケイソウ科	秋冬夏
ディオスコレア エレファンティペス	Dioscorea elephantipes	P98	ヤマノイモ科	秋春
ディオスコレア ストリィドスアナ	Dioscorea strydomiana		ヤマノイモ科	秋春
ディオスコレア バシクラヴィカウリス	Dioscorea basiclavicaulis		ヤマノイモ科	春秋
ディオスコレア バルトレッティ	Dioscorea bartlettii		ヤマノイモ科	春秋
ディコトマ(アロエ)	Aloe dichotomum		ツルボラン科	春秋
ディスチカ(ブーフォン)	Boophane disticha		ヒガンバナ科	春秋
ディッキア ナイト アンド デイ	Dyckia 'Night and Day'		アナナス科	夏
ディッキア ネルス クリスティアンソン	Dyckia 'Nels Christianson'		アナナス科	夏
ディッキア ビッグ ブラジル サン	Dyckia 'Big Brazil Son'		アナナス科	夏
ディッキア ブリーディング ハート	Dyckia 'Bleeding Heart'		アナナス科	夏
ディッキア ブリットル スター サン	Dyckia 'Brittle Star Son'		アナナス科	夏
ディッキア マリア フォゴサ	Dyckia 'Maria Fogosa'		アナナス科	夏
ディッキア アピウナ	Dyckia Apiúna-sc		アナナス科	夏
ディッキア イルムガルディアエ	Dyckia irmgardigae		アナナス科	夏
ディッキア インカーナ	Dyckia incana		アナナス科	夏
ディッキア エブディンキー	Dyckia hebdingii		アナナス科	夏
ディッキア グロリオーサ	Dyckia gloriosa		アナナス科	夏
ディッキア ゴエリンギー	Dyckia goehringii		アナナス科	夏
ディッキア シルバートゥース タイガー	Dyckia 'Silvertooth Tiger'		アナナス科	夏
ディッキア ストレリアーナ	Dyckia sthreliana		アナナス科	夏
ディッキア ディスタキア アウレア	Dyckia distachya aurea		アナナス科	夏
ディッキア デリカータ	Dyckia delicata		アナナス科	夏
ディッキア デリカータ ルブラ	Dyckia delicata rubra		アナナス科	夏
ディッキア ブラウニー	Dyckia braunii		アナナス科	夏
ディッキア ポッティオルム	Dyckia pottiorum		アナナス科	夏
ディッキア マルニエルラポストレイ	Dyckia marnier-lapostollei		アナナス科	夏
ディッキア リンデバルダエ	Dyckia lindevaldae		アナナス科	夏
ニツバンス錦	Graptoveria 'Titubans' f. variegata		ベンケイソウ科	夏秋
ディディエレア マダガスカリエンシス	Didierea madagascariensis	P14,P54	ディディエレア科	夏
ディプカディ クリスパム	Dipcadi crispum		キジカクシ科	秋春
ティランジア イオナンタ	Tillandsia ionantha		パイナップル科	夏
ティランジア オルガネンシス	Tillandsia organensis		パイナップル科	夏
ティランジア オロペザナ	Tillandsia oropezana		パイナップル科	夏
ティランジア カウツキー	Tillandsia kautskyi		パイナップル科	夏
ティランジア ガルドネリ ルピコラ	Tillandsia gardneri rupicola		パイナップル科	夏
ティランジア キセログラフィカ	Tillandsia xerographica		パイナップル科	夏
ティランジア キルシュネキー	Tillandsia kirschnekii		パイナップル科	夏
ティランジア コルビー	Tillandsia kolbii		パイナップル科	夏
ティランジア サルモネア	Tillandsia salmonea		パイナップル科	夏
ティランジア シーケニー	Tillandsia thiekenii		パイナップル科	夏
ティランジア ストレプトカルパ	Tillandsia streptocarpa		パイナップル科	夏
ティランジア ストレプトカルパ アウレイフローラ	Tillandsia streptocarpa aureiflora		パイナップル科	夏
ティランジア チャペウエンシス チュリフォルミス	Tillandsia chapeuensis turntoformis		パイナップル科	夏
ティランジア チョンタレンシス	Tillandsia chontalensis		パイナップル科	夏
ティランジア ピアウイエンシス	Tillandsia piauiensis		パイナップル科	夏
ティランジア ミトラエンシス トゥレンシス	Tillandsia mitlaensis tulensis		パイナップル科	夏
ティランジア レクリナータ	Tillandsia reclinata		パイナップル科	夏
デカリー	Pachypodium decaryi	P18	キョウチクトウ科	夏
デザートスター(エケベリア)	Echeveria shaviana 'Desert Star'		ベンケイソウ科	夏秋
デシピエンス(ハオルチア)	Haworthia decipiens		ツルボラン科	秋冬春
鉄甲丸	Euphorbia bupleurifolia		トウダイグサ科	夏
鉄錫杖(スタペリアエフォルミス)	Senecio stapeliaeformis		キク科	夏秋
テディベア(カランコエ)	Kalanchoe tomentosa 'Teddy Bear'		ベンケイソウ科	夏秋
デパウペラータ(アナカンプセロス)	Anacámpseros filamentosa depauperata		スベリヒユ科	夏秋
テフロカクタス ゲオメトリクス	Tephrocactus geometricus		サボテン科	夏
テリカラー(コノフィツム)	Conophytum pellucidum terricolor		ハマミズナ科	秋冬春
照波錦(てるなみにしき)	Bergeranthus multiceps f. variegata		ハマミズナ科	秋冬春

和名	学名	ページ	科	季節
テルフォイリア ペダタ	Telfairia pedata		ウリ科	夏
テロカクタス リンコネンシス	Thelocactus rinconensis		サボテン科	夏
デロニクス アダンソニオイデス	Delonix adansonioides	P101	マメ科	夏
デロニクス プミラ	Delonix pumila	P100	マメ科	夏
デロニクス ミクロフィラ	Delonix microphylla	P101	マメ科	夏
天狗のごますり	Sesamothamnus lugardii		ゴマ科	夏
狗奴子キリン(ユーフォルビア クンチー)	Euphorbia knuthii		トウダイグサ科	夏
デンシフロルム	Pachypodium densiflorum	P18	キョウチクトウ科	夏
デンドロシキオス ソコトラーナ	Dendrosicyos socotrana	P102	ウリ科	夏
天女(てんにょ)	Titanopsis calcarea		ハマミズナ科	夏秋
天女冠(てんにょかん)	Titanopsis schwantesii		ハマミズナ科	夏秋
天荒竜(ユーフォルビア カプトメデューサ)	Euphorbia caput-medusae		トウダイグサ科	夏
轉輪王(ユーフォルビア ムルチラモサ)	Euphorbia multiramosa		トウダイグサ科	夏秋
闘牛角(ユーフォルビア スコエンランディー)	Euphorbia schoenlandii		トウダイグサ科	夏秋
トゲなしラメリー	Pachypodium lamerei 'Spineless form'		キョウチクトウ科	夏
怒黄竜	Pterocactus hickenii		サボテン科	夏秋
怒涛(どとう)	Faucaria 'Dotou'		ハマミズナ科	春秋
ドドソニアナ(アストロロバ)	Astroloba dodsoniana		ツルボラン科	夏秋
ドドソン超巨大窓クーペリー	Haworthia cooperi	P108	ツルボラン科	秋春
トプシータービー(エケベリア)	Echeveria runyonii 'Topsy Turvy'		ベンケイソウ科	夏秋
巴(ともえ)	Crassula hemisphaerica		ベンケイソウ科	夏秋
トラキアンドラ サルティー	Trachyandra saltii		ツルボラン科	夏
トラキアンドラ トルチリス	Trachyandra tortilis		ツルボラン科	夏
トラキアンドラ フレキシフォリア	Trachyandra frexfolia		ツルボラン科	夏
ドラゴントゥズ(アガベ)	Agave pygmaea 'Dragon Toes'		リュウゼツラン科	春秋
(アガベ ピグマエア ドラゴントゥース)				
ドラセナ コンシナ キュンティ	Dracaena concinna 'Kuhnty'		リュウゼツラン科	春秋
ドラセナ シナバリ	Dracaena cinnabari		リュウゼツラン科	春秋
ドラセナ セルーラタ	Dracaena serrulata		リュウゼツラン科	春秋
鳥足キリン(ユーフォルビア オーニソプス)	Euphorbia ornithopus		トウダイグサ科	夏
ドリコス キリマンジャリクス	Dolichos kilimandscharicus		マメ科	夏
ドリコス ファンギッツァ	Dolichos fangisa		マメ科	夏
トリコフィラ(ラケナリア)	Lachenalia trichophylla		ヒヤシンス科	夏秋
トリトニア クリスパ	Tritonia crispa	P75	アヤメ科	冬
トリマネンシス(エケベリア)	Echeveria tolimanensis		ベンケイソウ科	夏秋
ドリミオプシス ドロミティクス	Drimiopsis dolomiticus		キジカクシ科	春秋
ドルステニア ランシフォエチダ	Dorstenia × 'Lanci-foetida'		クワ科	春秋
ドルステニア ギガス	Dorstenia gigas	P103	クワ科	春秋
ドルステニア ギプソフィラ	Dorstenia gypsophila	P104	クワ科	春秋
ドルステニア ザンジバリカ	Dorstenia zanzibarica		クワ科	春秋
ドルステニア バルニミアナ	Dorstenia barnimiana		クワ科	春秋
ドルステニア ヒルデブランドティー クリスプム	Dorstenia hildebrandtii f. crispum		クワ科	春秋
ドルステニア ラブラニー	Dorstenia lavrani		クワ科	春秋
ドルステニア ランキフォリア	Dorstenia crispa lancifolia		クワ科	春秋
トルンカータ(ハオルチア)	Haworthia truncata		ツルボラン科	秋春
トルンカータ(アガベ)	Agave parryi truncata		リュウゼツラン科	春秋
トロコメリア ポリモルファ	Trochomeria polymorpha		ウリ科	夏
トロコメリオプシス ディベルシフォリア	Trochomeriopsis diversifolia		ウリ科	夏
ドロサンテマム	Drosanthemum	P12	ハマミズナ科	秋春

ナ

和名	学名	ページ	科	季節
ナマエンシス(アナカンプロセス)	Anacampseros papyacea ssp. Namaensis		スベリヒユ科	夏秋
ニグラ(ハオルチア)	Haworthia nigra		ツルボラン科	秋春
虹の玉	Sedum rubrotinctum		ベンケイソウ科	夏秋
錦珊瑚(にしきさんご)	Jatropha berlandieri		トウダイグサ科	夏
日輪玉(にちりんぎょく)	Lithops aucampiae	P138,P140	ハマミズナ科	春夏秋
ニバリス(エケベリア)	Echeveria 'Nivalis'		ベンケイソウ科	夏秋
ネオグラジオヴィア ヴァリエガタ	Neoglaziovia variegata		パイナップル科	春秋
ネオンブレーカーズ(エケベリア)	Echeveria 'Neon Breakers'		ベンケイソウ科	夏秋
眠り布袋	Gerrardanthus macrorhizus		ウリ科	夏
野ばらの精	Echeveria cuspidata var. zaragozae 'Nobaranosei'		ベンケイソウ科	夏秋
ノバジン(エケベリア)	Echeveria 'Nobajin'		ベンケイソウ科	夏秋

ハ

和名	学名	ページ	科	季節
パープルヘイズ	Sedum dasyphyllum glanduliferum		ベンケイソウ科	夏秋
バーミキュレーテ(リトープス)	Lithops hookeri hookeri 'Vermiculate form' C023		ハマミズナ科	春夏秋
バエセケイ(アナカンプセロス)	Anacampseros baeseckei		スベリヒユ科	夏秋
パエパランツス エキノイデス	Paepalanthus echinoides		ホシクサ科	春夏秋
パエパランツス パルヴィナツス	Paepalanthus pulvinatus		ホシクサ科	春夏秋
ハエマンサス クリスプス	Haemanthus crispus	P75	ヒガンバナ科	冬
ハエマンサス サンギネウス	Haemanthus sanguineus		ヒガンバナ科	夏
ハエマンサス ノルティエリー	Haemanthus nortieri	P75	ヒガンバナ科	冬
ハエマンサス ユニフォリアツス	Haemanthus unifoliatus	P75	ヒガンバナ科	冬
バオバブ ディギタータ	Adansonia digitata	P105	アダンソニア科	夏
ハオルチア アトロフスカ ミュータント	Haworthia atrofusca mutant	P109	ツルボラン科	秋春
ハオルチア ギガス	Haworthia gigas	P108	ツルボラン科	秋春
ハオルチア クリスタリナ	Haworthia crystallina, Kleinfontein	P12	ツルボラン科	秋春
ハオルチア コンゲスタ	Haworthia truncata 'Congesta'	P109	ツルボラン科	秋春
ハオルチア コンプトニア	Haworthia comptonia		ツルボラン科	秋春
ハオルチア スノーレオパード	Haworthia 'Snow Leopard'	P109	ツルボラン科	秋春
ハオルチア ドドソン紫オブツーサ	Haworthia 'Dodson Purple'		ツルボラン科	秋春
ハオルチア ニグラ(変種)	Haworthia nigra	P109	ツルボラン科	秋春
ハオルチア バディア	Haworthia badia	P109	ツルボラン科	秋春
ハオルチア ピクタ	Haworththia picta v. tricolor, Rooiberg Pass	P12	ツルボラン科	秋春
ハオルチア ピクタ	Haworthia picta	P108	ツルボラン科	秋春
ハオルチア ピグマエア	Haworthia pygmaea	P108	ツルボラン科	秋春
ハオルチア ビスコーサ(濃黄斑)	Haworthia viscosa	P108	ツルボラン科	秋春
ハオルチア ホワイトエンジェル	Haworthia 'White Angel'	P108	ツルボラン科	秋春
ハオルチア ルーイベルゲンシス(近似種)	Haworthia rooibergensis aff., Bosrivier	P12	ツルボラン科	秋春
ハオルチア レセンディアナ	Haworthia resendeana	P108	ツルボラン科	秋春
パキポディウム アンボンゲンセ	Pachypodium ambongense	P112	キョウチクトウ科	夏
パキポディウム イノピナーツム	Pachypodium rosulatum var. inopinatum	P112	キョウチクトウ科	夏
パキポディウム ウィンゾリー	Pachypodium baronii var. windsorii	P111	キョウチクトウ科	夏
パキポディウム エブルネウム	Pachypodium eburneum	P115	キョウチクトウ科	夏
パキポディウム カクチペス	Pachypodium cactipes	P115	キョウチクトウ科	夏
パキポディウム グラキリウス	Pachypodium gracilius	P7,P17,P113	キョウチクトウ科	夏
パキポディウム ゲアイ	Pachypodium geayi	P14	キョウチクトウ科	夏
パキポディウム サキュレンタム	Pachypodium succulentum		キョウチクトウ科	夏
パキポディウム タッキー	Pachypodium 'Tackyi'	P114	キョウチクトウ科	夏
パキポディウム デカリー	Pachypodium decaryi	P114	キョウチクトウ科	夏
パキポディウム デンシフロルム	Pachypodium densiflorum	P17	キョウチクトウ科	夏
パキポディウム ナマクアナム	Pachypodium namaquanum	P112	キョウチクトウ科	夏
パキポディウム バロニー	Pachypodium baronii	P114	キョウチクトウ科	夏
パキポディウム ビカラー	Pachypodium bicolor		キョウチクトウ科	夏
パキポディウム フィヘレンセ	Pachypodium lamerei fiherenense		キョウチクトウ科	夏
パキポディウム ブレビカウレ(恵比寿笑い)	Pachypodium brevicaule	P17,P111	キョウチクトウ科	夏
パキポディウム ブレビカリックス	Pachypodium densiflorum brevicalyx		キョウチクトウ科	夏
パキポディウム マカイエンセ	Pachypodium makayense	P110	キョウチクトウ科	夏
パキポディウム ラメリー	Pachypodium lamerei	P112	キョウチクトウ科	夏
パキポディウム ルテンベルギアナム	Pachypodium rutenbergianum		キョウチクトウ科	夏
パキポディウム レアリー	Pachypodium lealii		キョウチクトウ科	夏
白鳳(はくほう)	Echeveria 'Hakuou'		ベンケイソウ科	夏秋
白銀の舞(はくぎんのまい)	Kalanchoe pumila		ベンケイソウ科	夏秋
白薫玉(オパリナ、はくくんぎょく)	Lithops karasmontana karasmontana var.karasmontana 'Opalina'		ハマミズナ科	春夏秋
白鯨	Agave titanota 'Hakugei'	P39	リュウゼツラン科	夏
白盛殿	Haworthia picta 'Hakuseiden'	P108	ツルボラン科	秋春
白象	Tylecodon pearsonii		ベンケイソウ科	秋冬
白蝶	Haworthia fasciata	P109	ツルボラン科	夏秋
白帝城(はくていじょう)	Haworthia 'Hakuteijyo'		ツルボラン科	秋春
白頭竜(ペントプス)	Euphorbia pentops		トウダイグサ科	夏
白馬城	Pachypodium saundersii		キョウチクトウ科	夏
白斑ピリフェラ錦	Haworthia cooperi pilifera f.variegata		ツルボラン科	秋春
パシフィックゾフテック(センペルビウム)	Sempervivum 'Pacific Zoftic'		ベンケイソウ科	夏秋
パタソニー(モンソニア)	Monsonia patersonii		フウロソウ科	秋春
初恋	Graptoveria 'Douglas Huth'		ベンケイソウ科	夏秋
パッシフロラ ピンナティスティプラ	Passiflora pinnatistipula		トケイソウ科	夏秋
初鷹(セネシオ ペンデュルス)	Senecio pendulus		キク科	夏秋
バディア 白鳳	Haworthia badia 'Hakuho'	P109	ツルボラン科	春秋
波涛キリン(ユーフォルビア クリスパ)	Euphorbia crispa		トウダイグサ科	夏
花うらら	Echeveria pulidonis		ベンケイソウ科	夏秋
花キリン	Euphorbia milii	P147	トウダイグサ科	夏秋
花筏のり斑(はないかだのりふ)	Echeveria 'Hanaikada' f. variegata		ベンケイソウ科	夏秋
花いかだ錦(はないかだにしき)	Echeveria 'Hanaikada' v.variegata		ベンケイソウ科	夏秋
花籠	Aztekium ritteri		サボテン科	夏秋
花園兜	Astrophytum asterias 'Hanazono Kabuto'	P41	サボテン科	春秋
花月夜(はなつきよ)	Echeveria 'Crystal'		ベンケイソウ科	夏秋
パラカレナ ニグリタ	Paracaleana nigrita		パイナップル科	春秋
巴里玉	Lithops hallii	P140	ハマミズナ科	春夏秋
春萌(はるもえ)	Sedum 'Alice Evans'		ベンケイソウ科	夏秋
パレンス(モナンテス)	Monanthes pallens		ベンケイソウ科	夏秋
バロニー	Pachypodium baronii	P18	キョウチクトウ科	夏
蛮鬼塔	Othonna herrei		キク科	秋春

和名	学名	ページ	科	季節	和名	学名	ページ	科	季節
蕃奇塔(ネセマンニー)	Euphorbia nesemannii		トウダイグサ科	夏	フォッケア ケーペンシス	Fockea capensis		ガガイモ科	夏
万象大黒系の実生選抜種	Haworthia maughanii	P106	ツルボラン科	秋春	フォッケア ムルチフローラ	Fockea multiflora	P129	ガガイモ科	夏
蛮将殿	Tephrocactus alexanderi		サボテン科	夏	フォリスマ ソノラエ	Pholisma sonorae		バイナップル科	春夏秋
万象天空	Haworthia maughanii	P107	ツルボラン科	秋春	福兎耳(ふくとじ)	Kalanchoe eriophylla		ベンケイソウ科	春夏秋
蛮童子(ユーフォルビア ナミベンシス)	Euphorbia namibensis		トウダイグサ科	秋春	福来玉	Lithops Julii	P138	ハマミズナ科	春秋
万物想	Tylecodon reticulatus		ベンケイソウ科	春秋	富士(ふじ)	Orostachys malacophylla iwarenge 'Fuji'		ベンケイソウ科	春秋
幡竜(ユーフォルビア ブグニフォルミス)	Euphorbia pugniformis		トウダイグサ科	夏	プセウドフェニクス エクマニィ	Pseudophoenix ekmanii		ヤシ科	春夏秋
光堂(パキポディウム ナマクアナム)	Pachypodium namaquanum		キョウチクトウ科	夏	プセウドボンバックス エリプティクム	Pseudobombax ellipticum		キワタ(パンヤ)科	夏
ピコル	Pachypodium rosulatum ssp. bicolor	P18	キョウチクトウ科	夏	プセウドリス cv. ドドソニウルティヌス	Pseudolithos x 'dodosoni-urtinus'		ガガイモ科	夏
菱鮫(アロイノプシス ロスラータ)	Aloinopsis rosulata		ハマミズナ科	春秋	プセウドリトス × クビイルティヌス	Pseudolithos × 'Cubi-iurtinus'		ガガイモ科	夏
翡翠柱	Monadenium stapelioides		トウダイグサ科	夏	プセウドリトス カプトビペラエ	Pseudolithos caput-viperae		ガガイモ科	夏
ビスコーサ錦	Haworthia viscosa variegata		ツルボラン科	秋春	プセウドリトス クビフォルメ	Pseudolithos cubiforme		ガガイモ科	夏
ビッグホーン	Crassula portulacea		ベンケイソウ科	春秋	プセウドリトス ドドソニアヌス	Pseudolithos dodsonianus		ガガイモ科	夏
ビッグモック(ハオルチア)	Haworthia 'Big Mock'		ツルボラン科	秋春	プセウドリトス ヘラルドヘラヌス	Pseudolithos herardheranus		ガガイモ科	夏
飛頭蛮(ユーフォルビア クラバリオイデス)	Euphorbia clavarioides		トウダイグサ科	夏	プセウドリトス マッコイ	Pseudolithos mccoyi		ガガイモ科	夏
ピトカイルニア ダブリフォルミス	Pitcairnia tabuliformis		パイナップル科	春夏秋	プセウドリトス ミギウルティヌス	Pseudolithos migiurtinus		ガガイモ科	夏
ピトカイルニア ヘテロフィラ アルビフロラ	Pitcairnia heterophylla f. albiflora		パイナップル科	春夏秋	ふっくら頭(福だるま)	Cotyledon orbiculata 'Fukkura'		ベンケイソウ科	春秋
ヒドノフィツム グランディフローラム	Hydnophytum grandiflorum		アカネ科	春夏秋	仏頭玉	Larryleachia cactiformis		ガガイモ科	夏
ヒドノフィツム パプアナム	Hydnophytum papuanum	P122	アカネ科	夏	仏面キリン	Euphorbia braunsii		トウダイグサ科	春秋
ヒドノフィツム フィリピネンセ	Hydnophytum philippinense		アカネ科	春夏秋	プテロディスクス ヌガミクス	Pterodiscus ngamicus		ゴマ科	夏
ヒドノフィツム フォルミカルム	Hydnophytum formicarum		アカネ科	春夏秋	プテロディスクス ルリダス	Pterodiscus luridus		ゴマ科	夏
ヒドノフィツム ペランガスツム	Hydnophytum perangustum	P23	アカネ科	夏	ブドウ亀(キフォステンマ ユッタエ)	Cyphostemma juttae		ブドウ科	春秋
雛鳩(ひなばと)	Conophytum ramosum		ハマミズナ科	秋春	ブドウ亀(バイネシー)	Cyphostemma bainesii		ブドウ科	夏
姫花月(ひめげつ)	Crassula ovata		ベンケイソウ科	春秋	プナ ボンニエアエ	Puna bonnieae		サボテン科	夏
姫笹の雪(ひめささのゆき)	Agave victoriae reginae 'Himesasanoyuki'	P37	リュウゼツラン科	夏	プナ ボンニエアエ f. イネルミス	Puna bonnieae f. inermis		サボテン科	夏
姫二ツ葉金棒(アローディア コモサ)	Alluaudia comosa		ディディエレア科	夏	プベスケンス(クラッスラ)	Crassula pubescens		ベンケイソウ科	春秋
姫紅小松	Trichodiadema bulbosum		ハマミズナ科	春秋	フペルジア フレグマリア	Huperzia phlegmaria		ヒカゲノカズラ科	夏
姫星美人(ひめほしびじん)	Sedum dasyphyllum		ベンケイソウ科	春秋	フミス(カランコエ)	Kalanchoe humilis		ベンケイソウ科	春秋
姫牡丹(赤花)	Ariocarpus kotschoubeyanus macdowellii		サボテン科	夏	冬の星座	Haworthia papillosa		ツルボラン科	秋春
姫牡丹(白花)	Ariocarpus kotschoubeyanus albiflorus		サボテン科	夏	冬もみじ	Kalanchoe grandiflora 'Fuyumomiji'		ベンケイソウ科	春秋
姫緑(ひめみどり)	Crassula muscosa var. pseudolycopodioides		ベンケイソウ科	春秋	ブラウンローズ(エケベリア)	Echeveria 'Brown Rose'		ベンケイソウ科	春秋
姫武蔵野	Tephrocactus glomeratus		サボテン科	夏	ブラキカウロン(モナンテス)	Monanthes brachycaulon		ベンケイソウ科	春秋
微紋玉(びもんぎょく)	Lithops fulviceps		ハマミズナ科	秋春	ブラキステルマ グラシエ	Brachystelma gracile		ガガイモ科	夏夏
豹頭	Eriosyce napina		サボテン科	夏	ブラキステルマ コッディー	Brachystelma coddii	P131	ガガイモ科	夏夏
氷山	Agave victoriae reginae 'Hyouzan'	P37	リュウゼツラン科	夏	ブラキステルマ シルシナーツム	Brachystelma circinatum	P131	ガガイモ科	夏夏
氷嶺	Cheiridopsis denticulata	P142	ハマミズナ科	春秋	ブラキステルマ プロカモイデス	Brachystelma plocamoides	P130	ガガイモ科	夏夏
ピランシー錦	Gasteria pillansii f. variegata		ツルボラン科	秋春	ブラキステルマ メイエリアヌム	Brachystelma meyerianum	P131	ガガイモ科	夏夏
飛竜(ステラータ)	Euphorbia stellata		トウダイグサ科	夏	ブラック春鶯囀(ぶらっくしゅんおうてん)	Gasteria batesiana		ツルボラン科	春夏秋
ビルベルギア 'ドミンゴスマルティンス'	Billbergia vittata 'Dominges Martins'		ブロメリア科	夏	プラティセリウム アンゴレンセ	Platycerium angolense		ウラボシ科	春夏秋
ヒルマリー(タンクアナ)	Tanquana hilmarii		ハマミズナ科	秋春	プラティセリウム コロナリウム	Platycerium coronarium		ウラボシ科	春夏秋
ピレナカンサ マルビフォリア	Pyrenacantha malvifolia		クロタキカズラ科	夏	フランダンス(ハオルチア)	Haworthia 'Fran-dance'		ツルボラン科	秋春
ピロサス(スタペリアンフス)	Stapelianthus pilosus		ガガイモ科	夏	フリーセア オリガンサ	Vriesea oligantha		パイナップル科	春夏秋
ピロセレウス グラウコクロウス	Pilosocereus glaucochrous		サボテン科	夏	フリーセア ハリーヌーセリー	Vriesea harrylutheri		パイナップル科	春夏秋
ピンウィール(エケベリア)	Echeveria 'Pinwheel'		ベンケイソウ科	春秋	フリーセア フォンテラーナ	Vriesea fontellana		パイナップル科	春夏秋
ピンクザラゴーサ(エケベリア)	Echeveria cuspidata zaragozae		ベンケイソウ科	春秋	ブルセラ オドラタ	Bursera odorata		カンラン科	夏
ファイヤーリップ(エケベリア)	Echeveria 'Fire Lip'		ベンケイソウ科	春秋	ブルセラ ファガロイデス	Bursera fagaroides	P132	カンラン科	夏
ファンタジアキャロル(エケベリア)	Echeveria Fantasia Carol		ベンケイソウ科	春秋	ブルセラ ミクロフィラ	Bursera microphylla	P132	カンラン科	夏
フィカス ペティオラリス	Ficus petiolaris	P121	クワ科	夏	フルチクローサ	Ceraria fruticulosa		スベリヒユ科	夏冬
フィカス アブティフォリア	Ficus abutilifolia		クワ科	夏	ブルビネ トルタ	Bulbine torta	P11	ツルボラン科	秋春
フィカス パルメリ	Ficus palmeri		クワ科	夏	ブルビネ ブルインシー	Bulbine bruynsii		ツルボラン科	秋春
フィカス ペティオラリス	Ficus petiolaris		クワ科	夏	ブルビネ マルガレサエ	Bulbine margarethae	P74	ツルボラン科	秋春
フィランサス ミラビリス	Phyllanthus mirabilis	P124	トウダイグサ科	夏	ブルンスヴィギア リトラリス	Brunsvigia litoralis		ヒガンバナ科	秋春
フィリカウリス(アドロミスクス)	Adromischus filicaulis		ベンケイソウ科	春秋	プレオスピロス ネリー	Pleiospilos nelii		ハマミズナ科	秋春
フィルミアナ コロラータ	Firmiana colorata	P124	クワ科	夏	プレクトランサス エルンスティー	Plectranthus ernstii		シソ科	夏秋
フィロボルス テヌイフロルス	Phyllobolus tenuifloras	P125	ハマミズナ科	秋冬	プレクトランサス ソコトラナム	Plectranthus socotranum		シソ科	春秋
フィロボルス レスルゲンス	Phyllobolus resurgens	P125	ハマミズナ科	秋冬	プレビカウレ	Pachypodium brevicaule	P18	キョウチクトウ科	夏
フーディア クローリー	Hoodia currorii		ガガイモ科	夏	プロリフェラ(セダム)	Sedum prolifera		ベンケイソウ科	春秋
ブーフォン ディスティチャ	Boophone disticha	P73	ヒガンバナ科	秋春	ブロンズ姫	Graptosedum paraguayense 'Bronze'		ベンケイソウ科	春秋
ブーフォンディスティチャ '東ケープフォーム'	Boophone disticha 'East cape form'		ヒガンバナ科	秋春	噴炎竜(ネオフンベルティ)	Euphorbia neohumbertii		トウダイグサ科	夏
ブーフォン ハエマンソイデス	Boophone haemanthoides	P73	ヒガンバナ科	秋春	ペアルソニー(鳳雛玉、碧玉)	Conophytum pearsonii		ハマミズナ科	秋春
フェルグソニアエ(クラッスラ)	Crassula fergusoniae		ベンケイソウ科	春秋	ベイセリア メキシカーナ	Beiselia mexicana	P133	カンラン科	夏
フェルニア ケネディアナ	Huernia kennedyana		ガガイモ科	夏	碧魚連(へきぎょれん)	Echinus maximilianus		ハマミズナ科	春秋
フォークイエリア コルムナリス	Fouquieria columnaris	P127	フォークイエリア科	夏	ベゴニア クロロスティクタ	Begonia chlorosticta		シュウカイドウ科	夏
フォークイエリア ディグエッティ	Fouquieria diguetii		フォークイエリア科	夏	ベゴニア ジュラウ	Begonia julau		シュウカイドウ科	夏
フォークイエリア ファシクラータ	Fouquieria fasciculata		フォークイエリア科	夏	ベゴニア ダースベイダリアナ	Begonia darthvaderiana		シュウカイドウ科	夏
フォークイエリア フォルモサ	Fouquieria formosa		フォークイエリア科	夏	ベゴニア ディアデマ	Begonia diadema		シュウカイドウ科	夏
フォークイエリア プルプシー	Fouquieria purpusii	P126	フォークイエリア科	夏	ベゴニア ベルドゥルベネア	Begonia beludruvenea		シュウカイドウ科	夏
フォークイエリア マクドガリー	Fouquieria macdougalii		フォークイエリア科	夏	ベゴニア リケノラ	Begonia cf. lichenora		シュウカイドウ科	夏
フォエチダ錦	Dorstenia foetida f. variegata		クワ科	夏	ペトペンチア ナタレンシス	Petopentia natalensis		ガガイモ科	夏
フォッケア エデュリス	Fockea edulis	P128	ガガイモ科	夏	紅大内玉	Lithops optica 'Rubra'	P140	ハマミズナ科	秋春
フォッケア カムラ	Fockea camura	P129	ガガイモ科	夏	ベニオセレウス ロセイ	Peniocereus rosei		サボテン科	夏秋

和名	学名	ページ	科	季節
紅小袖	Conophytum 'Benikosode'	P141	ハマミズナ科	春秋
紅宝山(べにたからやま)	Rebutia heliosa		サボテン科	春秋
紅大和(べにやまと)	Echeveria 'Beniyamato'	P58	ベンケイソウ科	秋春
紅絞り(べにしぼり)	Conophytum obcordellum		ハマミズナ科	春秋
ベビーサンローズ 花蔓草錦	Aptenia cordifolia f.variegata		ハマミズナ科	春秋
ベビーフィンガー(パキベリア)	Pachyveria 'Baby Bingo'		ベンケイソウ科	春秋
ペペロミア コルメラ	Peperomia columella		コショウ科	春秋
ペラルゴニウム アッペンディクラツム	Pelargonium appendiculatum		フウロソウ科	秋春
ペラルゴニウム アルテナンス	Pelargonium alternans		フウロソウ科	秋春
ペラルゴニウム エキナツム	Pelargonium echinatum		フウロソウ科	秋春
ペラルゴニウム オブロンガツム	Pelargonium oblongatum		フウロソウ科	秋春
ペラルゴニウム カロリ ヘンリキ	Pelargonium caroli-henrici		フウロソウ科	秋春
ペラルゴニウム クリンガルドテンセ	Pelargonium klinghardtense	P135	フウロソウ科	秋春
ペラルゴニウム コルツシフォリウム	Pelargonium cortusifolium		フウロソウ科	秋春
ペラルゴニウム ゼロフィトン	Pelargonium xerophyton		フウロソウ科	秋春
ペラルゴニウム デセルトルム	Pelargonium desertorum		フウロソウ科	秋春
ペラルゴニウム トリステ	Pelargonium triste		フウロソウ科	秋春
ペラルゴニウム ミラビレ	Pelargonium mirabile	P134	フウロソウ科	秋春
ペラルゴニウム ラドゥリフォリウム	Pelargonium radulifolium		フウロソウ科	秋春
ペラルゴニウム ルリダム	Pelargonium luridum		フウロソウ科	秋春
ペラルゴニウム ロバツム	Pelargonium lobatum		フウロソウ科	秋春
ペルシダム ネオハリー(コノフィツム)	Conophytum pellucidum var.neohallii		ハマミズナ科	秋春
ベルシャフェルティー錦	Agave potatorum verschaffeltii f. variegata		リュウゼツラン科	夏
ヘレナエ エンリエット(コノフィツム)	Conophytum helenae		ハマミズナ科	秋春
ペンデンス(コチレドン)	Cotyledon pendens		ベンケイソウ科	春秋
ベンバディス(エケベリア)	Echeveria 'Ben Badis'		ベンケイソウ科	春秋
ポイソニー錦	Euphorbia poissonii f. variegata	P150	トウダイグサ科	夏
ボイレイ(アロエ)	Aloe boylei		ツルボラン科	春秋
鳳凰(ほうおう)	Agave potatorum variegata 'Houou'		リュウゼツラン科	夏
蓬莱島(ユーフォルビア デシドゥア)	Euphorbia decidua		トウダイグサ科	夏
ポーカルネア グラキリス	Beaucarnea gracilis		リュウゼツラン科	夏
ポーチュラカ モロキニエンシス	Portulaca molokiniensis		スベリヒユ科	春秋
牧神閣(グラキリラメア)	Euphorbia graciliramea		トウダイグサ科	夏
星の林(ほしのはやし)	Haworthia reinwardtii archibaldiae		ツルボラン科	秋春
星乙女(ほしおとめ)	Crassula perforata		ベンケイソウ科	春秋
星美人(ほしびじん)	Pachyphytum oviferum		ベンケイソウ科	春秋
ボスウェリア エロンガータ	Boswellia elongate	P136	カンラン科	春秋
ボスウェリア ディオスコリディス	Boswellia dioscoridis		カンラン科	春秋
ボスウェリア ナナ	Boswellia nana		カンラン科	春秋
ボスウェリア ネグレクタ	Boswellia neglecta	P136	カンラン科	春秋
ポトス バルベリアヌス	Pothos barberianus		サトイモ科	春夏秋
ボビー(ハオルチア)	Haworthia bobii		ツルボラン科	秋春
ホヘンベルギア アルクアータ	Hohenbergia arcuata		パイナップル科	夏
ホヘンベルギア イガツエンシス	Hohenbergia igatuensis		パイナップル科	春秋
ホヘンベルギア カーラ	Hohenbergia 'Karla'		パイナップル科	春秋
ホヘンベルギア ペンナエ	Hohenbergia pennae		パイナップル科	夏
ホヘンベルギア レオポルドホルスティ	Hohenbergia leopoid-horstii		パイナップル科	夏
ホマロメナ ハセイ	Homalomena hasei		サトイモ科	春秋
ホマロメナ フミリス	Homalomena humilis		サトイモ科	春秋
ホリダス(エンセファラルトス)	Encephalartos horridus		ザミア科	夏
ホリダ錦(ほりだにしき)	Euphorbia horrida f. variegata		トウダイグサ科	夏
ポリフィラ(アロエ)	Aloe polyphylla		ツルボラン科	秋春
ポリリンゼ(エケベリア)	Echeveria 'Poririnze'		ベンケイソウ科	春秋
ボルキー(リトープス)	Lithops pseudotruncatella volkii		ハマミズナ科	春秋
ホルジアナ(コミフォラ)	Commiphora holtziana		カンラン科	春秋
ホロベンセ	Pachypodium horombense	P18	キョウチクトウ科	夏
ホワイトスロアネア クラサ	Whiteslownea crassa		ガガイモ科	夏

マ

和名	学名	ページ	科	季節
マーガレットレッピン(グラプトベリア)	Graptoveria 'Margarete Reppin'		ベンケイソウ科	春秋
舞乙女(まいおとめ)	Crassula 'Jade Necklace'		ベンケイソウ科	春秋
マイフエニオプシス マンドラゴラ	Maihueniopsis mandragora		サボテン科	夏秋
マイフエニタ ポッピギィ	Maihuenia poeppigii		サボテン科	夏秋
マカイエンセ	Pachypodium makayense	P18	キョウチクトウ科	夏
魔界玉(パキポディウム マカイエンセ)	Pachypodium makayense		キョウチクトウ科	夏
曲玉	Lithops pseudotruncatella		ハマミズナ科	秋春
マクラータ李夫人	Lithops salicola 'Maculata'	P140	ハマミズナ科	秋春
魔女の簪(ユーフォルビア フィリフローラ)	Euphorbia filiflora		トウダイグサ科	夏
マジョール(セダム)	Sedum dasyphyllum 'Major'		ベンケイソウ科	春秋
まだら黒法師(まだらくろほうし)	Aeonium arboreum rubrolineatum		ベンケイソウ科	春秋
松笠団扇	Tephrocactus articulatus inermis		サボテン科	夏
マッソニア ピグマエア	Massonia pygmaea	P75	ヒヤシンス科	秋春
マッソニア プスツラータ	Massonia pustulata		ヒヤシンス科	秋春
マツバラン(神龍角)	Psilotum nudum 'Shinryukaku'		マツバラン科	夏
マテレア シクロフィラ	Matelea cyclophylla		ガガイモ科	夏
マパニア カウダーク	Mapania caudata		カヤツリグサ科	春夏秋
マミラリア パインテリ	Mammillaria painteri f. mostruosa		サボテン科	夏
マミラリア ボカサナ 'フレッド'	Mammillaria bocasana cv. Fred		サボテン科	夏
マミラリア ルエッティ	Mammillaria luethyi		サボテン科	春秋
繭形玉(まゆがたぎょく)	Lithops marmorata	P138	ハマミズナ科	秋春
万象(まんぞう)	Haworthia truncata maughanii		ツルボラン科	春秋
マンフレダ ウンデュラータ	Manfreda undulata		キジカクシ科	夏
'チョコレート チップス'				
ミケア	Pachypodium mikea	P18	キョウチクトウ科	夏
美鈴(みすず)	Ruschia pulvinaris		ハマミズナ科	秋春
ミッドウエイ(エケベリア)	Echeveria 'Midway'		ベンケイソウ科	春秋
緑亀の卵(みどりがめのたまご)	Sedum hernandezii		ベンケイソウ科	春秋
緑水晶錦(みどりすいしょうにしき)	Haworthia 'Midorisuishounishiki'		ツルボラン科	春秋
緑福来玉(みどりふくらいぎょく)	Lithops julii subsp. fulleri fulleri 'Fullergreen'		ハマミズナ科	春秋
緑蛇(みどりへび)	Crassula muscosa f.		ベンケイソウ科	春秋
南十字星(みなみじゅうじせい)	Crassula perforata f.variegata		ベンケイソウ科	春秋
ミラーボール(ハオルチア)	Haworthia 'Mirrorball'		ツルボラン科	春秋
ミラクル兜(アストロフィツム)	Astrophytum asterias 'Miracle Kabuto'	P40	サボテン科	夏
ミラクルピクタA(ハオルチア)	Haworthia picta 'MiraclepictaA'		ツルボラン科	春秋
ミルロカクタス(竜神木)	Myrtillocactus geometrizans		サボテン科	夏
ミルメコディア エリナセア	Myrmecodia erinacea		アカネ科	夏
ミルメコディア ツベローサ	Myrmecodia tuberosa		アカネ科	夏
ミルメコディア ベッカリー	Myrmecodia beccarii	P123	アカネ科	夏
ミロッティー(カランコエ)	Kalanchoe millottii		ベンケイソウ科	春秋
ムイリア ホルテンセ	Muiria hortenseae		ハマミズナ科	秋春
百足葛(ムカデカズラ)	Huperzia squarrosa		ヒカゲノカズラ科	春夏秋
武蔵野	Tephrocactus articulatus		サボテン科	夏
無比玉(むひぎょく)	Gibbaeum dispar		ハマミズナ科	秋春
霧氷玉	Eriospermum paradoxum		キジカクシ科	秋春
紫クーペリー	Haworthia cooperi	P108	ツルボラン科	春秋
紫太陽	Echinocereus rigidissimus rubrispinus		サボテン科	夏
紫帝玉(むらさきていぎょく)	Pleiospilos nelii cv. Royal Flush		ハマミズナ科	秋春
紫羅漢	Larryleachia marlothii		ガガイモ科	夏秋
ムルチフィダ(モンソニア)	Monsonia multifida		フウロソウ科	秋春
ムルチフォリウム(オーニソガラム)	Ornithogalum multifolium		パイナップル科	夏秋
明鏡(めいきょう)	Aeonium tabuliforme		ベンケイソウ科	秋冬夏
明鏡錦(めいきょうにしき)	Aeonium tabuliforme variegata		ベンケイソウ科	春秋
メキシカンジャイアント(エケベリア)	Echeveria colorata 'Mexican Giant'		ベンケイソウ科	春秋
メストクレマ アルボリフォルメ	Mestoklema arboriforme	P137	ハマミズナ科	春秋
メストクレマ ツベローサム	Mestoklema tuberosum		ハマミズナ科	春秋
メセンブリアンテモイデス(ブルビネ)	Bulbine mesembryanthemoides		ツルボラン科	秋春
メロカクタス コンシンヌス	Melocactus concinnus		サボテン科	夏
錦鈴殿(アドロミスクス クーペリー)	Adromischus cooperi		ベンケイソウ科	春秋
モシニアナム(セダム)	Sedum mocinianum		ベンケイソウ科	春秋
モナデニウム 'タンザニア レッド'	Monadenium sp. 'Tanzania Red'		トウダイグサ科	夏
モナデニウム アルボレッセンス	Monadenium arborescens	P143	トウダイグサ科	夏
モナデニウム インベヌスツム	Monadenium invenustum		トウダイグサ科	夏
モナデニウム エキヌラーツム	Monadenium echinulatum		トウダイグサ科	夏
モナデニウム グロボーサム	Monadenium globosum		トウダイグサ科	夏
モナデニウム シューベイ	Monadenium schubei		トウダイグサ科	夏
モナデニウム スピネッセンス	Monadenium spinescens		トウダイグサ科	夏
モナデニウム スペクタビレ	Monadenium spectabile Nyambense		トウダイグサ科	夏
モナデニウム ニャンベンセ				
モナデニウム プセウドラセモスム	Monadenium pseudoracemosum		トウダイグサ科	夏
モナデニウム マフィンゲンシス	Monadenium mafingensis		トウダイグサ科	夏
モナデニウム モンタナム	Monadenium montanum		トウダイグサ科	夏
モナデニウム リゾフォルム	Monadenium rhizophorum		トウダイグサ科	夏
モナデニウム リチェイ	Monadenium ritchiei		トウダイグサ科	夏
モナデニウム リチェイ錦	Monadenium ritchiei f. variegata		トウダイグサ科	夏
モナデニウム リフレクサム	Monadenium reflexum		トウダイグサ科	夏
モナンテス ポリフィラ	Monanthes polyphylla		ベンケイソウ科	春秋
モニラリア オブコニカ	Monilaria obconica		ハマミズナ科	秋春
モニラリア ピシフォルミス	Monilaria pisiformis		ハマミズナ科	秋春
モノケロティス錦	Echeveria 'Monocerotis'		ベンケイソウ科	春秋
紅葉祭り(もみじまつり)	Crassula capitella 'Trefu'		ベンケイソウ科	春秋
桃美人(ももびじん)	Pachyphytum 'Momobijin'		ベンケイソウ科	春秋
モモルディカ ボイビニー	Momordica boivinii		ウリ科	夏

和名	学名	ページ	科名	季節
モモルディカ ロストラタ	Momordica rostrata		ウリ科	夏
モラエア セルペンティナ	Moraea serpentina	P11	アヤメ科	秋春
モラエア プリッツェリアナ	Moraea pritzeliana		アヤメ科	秋春
モラニー(エケベリア)	Echeveria moranii		ベンケイソウ科	春秋
ヤ				
八千代(やちよ)	Sedum corynephyllum		ベンケイソウ科	春秋
ヤトロファ スツフルマニー	Jatropha stuhlmannii		トウダイグサ科	夏
ヤトロファ スピカータ	Jatropha spicata		トウダイグサ科	夏
ヤトロファ フィッシスピナ	Jatropha fissispina		トウダイグサ科	夏
ヤトロファ ベルランディエリ	Jatropha berlandieri	P144	トウダイグサ科	夏
柳葉キリン(モンテイロイ)	Euphorbia monteiroi		トウダイグサ科	夏
山にけし	Puna subterranea		サボテン科	夏
山伏天狗(やまぶしてんぐ)	Pelargonium crithmifolium		フウロソウ科	秋春
雄姿城錦(ゆうしじょうにしき)	Haworthia limifolia v. limifolia f.variegata		ツルボラン科	秋春
ユーフォルビア アウレオビリディフローラ	Euphorbia aureoviridiflora		トウダイグサ科	夏
ユーフォルビア アストロフォラ	Euphorbia astrophora		トウダイグサ科	夏
ユーフォルビア アトロビリディス	Euphorbia atroviridis		トウダイグサ科	夏
ユーフォルビア アブデルクリ	Euphorbia abdelkuri	P146	トウダイグサ科	夏
ユーフォルビア アブデルクリ ダマスク	Euphorbia abdelkuri 'Damask'		トウダイグサ科	夏
ユーフォルビア アルフレディー	Euphorbia alfredii		トウダイグサ科	夏
ユーフォルビア アンカラトラエ	Euphorbia duranii ankaratrae		トウダイグサ科	夏
ユーフォルビア アンカレンシス	Euphorbia ankarensis		トウダイグサ科	夏
ユーフォルビア アンボボンベンシス	Euphorbia ambovombensis		トウダイグサ科	夏
ユーフォルビア イトレメンシス	Euphorbia itremensis		トウダイグサ科	夏
ユーフォルビア イネルミス フットナエ	Euphorbia inermis huttonae		トウダイグサ科	夏
ユーフォルビア イハラナエ	Euphorbia iharanae		トウダイグサ科	夏
ユーフォルビア インメルサ	Euphorbia immersa	P145	トウダイグサ科	夏
ユーフォルビア ウーディー	Euphorbia woodii		トウダイグサ科	夏
ユーフォルビア ウェルシコロル	Euphorbia francoisii Versicolor		トウダイグサ科	夏
ユーフォルビア ウムフォロジェンシス	Euphorbia umfoloziensis		トウダイグサ科	夏
ユーフォルビア エクロニー(鬼笑い)	Euphorbia ecklonii		トウダイグサ科	秋春
ユーフォルビア エスクレンタ	Euphorbia esculenta	P145	トウダイグサ科	夏
ユーフォルビア エノルミス	Euphorbia enormis		トウダイグサ科	夏
ユーフォルビア オアテシー	Euphorbia oatesii		トウダイグサ科	夏
ユーフォルビア オベサンナエ	Euphorbia × Obesannae		トウダイグサ科	夏
ユーフォルビア オプンチオイデス	Euphorbia opuntioides	P151	トウダイグサ科	夏
ユーフォルビア オベサ	Euphorbia obesa	P150	トウダイグサ科	夏
ユーフォルビア オベサ カエスピトーサ	Euphorbia obesa caespitosa		トウダイグサ科	夏
ユーフォルビア オベサ シンメトリカ	Euphorbia obesa symmetrica		トウダイグサ科	夏
ユーフォルビア カプサインテマリエンシス	Euphorbia capsaintemariensis		トウダイグサ科	夏
ユーフォルビア カプマナム バトネンシス	Euphorbia capmanambatoensis		トウダイグサ科	夏
ユーフォルビア カプロニアナ	Euphorbia viguieri capuroniana		トウダイグサ科	夏
ユーフォルビア ガムケンシス	Euphorbia gamkensis	P145,P148	トウダイグサ科	夏
ユーフォルビア キシロフィロイデス(へら珊瑚)	Euphorbia xylophylloides		トウダイグサ科	夏
ユーフォルビア ギムノカリキオイデス	Euphorbia gymnocalycioides	P151	トウダイグサ科	夏
ユーフォルビア ギラウミニアナ	Euphorbia guillauminiana	P150	トウダイグサ科	夏
ユーフォルビア キリンドリフォリア	Euphorbia cylindrifolia	P149	トウダイグサ科	夏
ユーフォルビア クラシカウリス	Euphorbia francoisii crassicaulis		トウダイグサ科	夏
ユーフォルビア クラバリオイデス	Euphorbia clavarioides	P149	トウダイグサ科	秋冬
ユーフォルビア クラビゲラ	Euphorbia clavigera		トウダイグサ科	夏
ユーフォルビア グランディコルニス(飛麟冠)	Euphorbia grandicornis		トウダイグサ科	夏
ユーフォルビア クリビコラ	Euphorbia clivicola	P151	トウダイグサ科	夏
ユーフォルビア クレメルシー	Euphorbia cremersii		トウダイグサ科	夏
ユーフォルビア クロイザティー	Euphorbia croizatii		トウダイグサ科	夏
ユーフォルビア グロエネワルディー	Euphorbia groenewaldii		トウダイグサ科	夏
ユーフォルビア グロブリカウリス	Euphorbia globulicaulis		トウダイグサ科	夏
ユーフォルビア ゴットレベイ	Euphorbia gottlebei		トウダイグサ科	夏
ユーフォルビア コリクリナ	Euphorbia colliculina		トウダイグサ科	夏
ユーフォルビア ゴルゴニス	Euphorbia gorgonis	P145,P147	トウダイグサ科	夏
ユーフォルビア コルムナリス	Euphorbia columnaris		トウダイグサ科	夏
ユーフォルビア コンドイ	Euphorbia kondoi		トウダイグサ科	夏
ユーフォルビア サカラハエンシス	Euphorbia sakarahaensis		トウダイグサ科	夏
ユーフォルビア ジェノウディアナ	Euphorbia genouliana		トウダイグサ科	夏
ユーフォルビア シザカンサ	Euphorbia schizacantha	P151	トウダイグサ科	夏
ユーフォルビア シリラメア	Euphorbia similramea		トウダイグサ科	夏
ユーフォルビア シレニフォリア	Euphorbia silenifolia		トウダイグサ科	夏
ユーフォルビア スザンナエ マルニエラエ	Euphorbia suzannae-marnierae		トウダイグサ科	夏
ユーフォルビア ステラータ	Euphorbia stellata	P147	トウダイグサ科	夏
ユーフォルビア スバポーダ	Euphorbia subapoda		トウダイグサ科	夏
ユーフォルビア スプレッサ	Euphorbia suppressa		トウダイグサ科	夏
ユーフォルビア スペランス	Euphorbia superans		トウダイグサ科	夏
ユーフォルビア セプルタ	Euphorbia sepulta		トウダイグサ科	夏
ユーフォルビア ツビグランス	Euphorbia tubiglans		トウダイグサ科	夏
ユーフォルビア ツルビニフォルミス	Euphorbia turbiniformis	P151	トウダイグサ科	夏
ユーフォルビア デカリー	Euphorbia decaryi	P150	トウダイグサ科	夏
ユーフォルビア デシドゥア	Euphorbia decidua	P148	トウダイグサ科	春秋
ユーフォルビア デセプタ	Euphorbia decepta		トウダイグサ科	夏
ユーフォルビア デビリスピナ	Euphorbia debilispina		トウダイグサ科	夏
ユーフォルビア デュセイマタ	Euphorbia duseimata		トウダイグサ科	夏
ユーフォルビア デュラニー	Euphorbia duranii		トウダイグサ科	夏
ユーフォルビア トゥレアレンシス	Euphorbia tulearensis		トウダイグサ科	夏
ユーフォルビア トリカデニア	Euphorbia trichadenia	P152	トウダイグサ科	夏
ユーフォルビア トルチラマ	Euphorbia tortirama	P147	トウダイグサ科	夏
ユーフォルビア ネオフンベルティー	Euphorbia neohumbertii	P146	トウダイグサ科	夏
ユーフォルビア ネオボッセリー	Euphorbia neobosseri		トウダイグサ科	夏
ユーフォルビア ノーザンマダガスカル	Euphorbia sp.nov northernmadagascar	P149	トウダイグサ科	夏
ユーフォルビア ノベリー	Euphorbia knobelii	P148	トウダイグサ科	夏
ユーフォルビア パウリアナ	Euphorbia pauliana		トウダイグサ科	夏
ユーフォルビア パキポディオイデス	Euphorbia pachypodioides		トウダイグサ科	夏
ユーフォルビア ハドラウマウチカ	Euphorbia hadramautica		トウダイグサ科	夏
ユーフォルビア バリダ	Euphorbia valida		トウダイグサ科	夏
ユーフォルビア バルサミフェラ	Euphorbia balsamifera	P151	トウダイグサ科	冬
ユーフォルビア パルビキアソフォラ	Euphorbia parvicyathophora		トウダイグサ科	夏
ユーフォルビア ピスキデルミス	Euphorbia piscidermis		トウダイグサ科	夏
ユーフォルビア ピランシー	Euphorbia pillansii		トウダイグサ科	夏
ユーフォルビア ファンシャウェイ	Euphorbia fanshawei		トウダイグサ科	夏
ユーフォルビア フィアナランツォア	Euphorbia fianarantsoa	P150	トウダイグサ科	夏
ユーフォルビア フィリプシアエ	Euphorbia phillipsiae		トウダイグサ科	夏
ユーフォルビア フィリプシオイデス	Euphorbia phillipsioides	P151	トウダイグサ科	夏
ユーフォルビア フスカ	Euphorbia fusca	P145,P147	トウダイグサ科	春秋
ユーフォルビア プセウドベサ	Euphorbia × Pseudobesa		トウダイグサ科	夏
ユーフォルビア プビグランス	Euphorbia pubiglans		トウダイグサ科	夏
ユーフォルビア プラティクラダ	Euphorbia platyclada		トウダイグサ科	夏
ユーフォルビア プラニセプス	Euphorbia planiceps	P147	トウダイグサ科	冬
ユーフォルビア フランコイシー	Euphorbia francoisii		トウダイグサ科	夏
ユーフォルビア ブルアナ	Euphorbia buruana	P147	トウダイグサ科	夏
ユーフォルビア ブルネリ	Euphorbia brunellii		トウダイグサ科	秋春
ユーフォルビア ブレビラマ	Euphorbia brevirama		トウダイグサ科	夏
ユーフォルビア ベガルディー	Euphorbia primulifolia begardii		トウダイグサ科	夏
ユーフォルビア ヘディオトイデス	Euphorbia hedyotoides		トウダイグサ科	夏
ユーフォルビア ベネニフィカ	Euphorbia venenifica		トウダイグサ科	夏
ユーフォルビア ベハレンシス	Euphorbia beharensis		トウダイグサ科	夏
ユーフォルビア ペランゲスタ	Euphorbia perangusta		トウダイグサ科	夏
ユーフォルビア ペルシステンス	Euphorbia persistens		トウダイグサ科	夏
ユーフォルビア ベロロハエ	Euphorbia berrorohae		トウダイグサ科	夏秋
ユーフォルビア ポイソニー	Euphorbia poissonii		トウダイグサ科	夏
ユーフォルビア ホープタウンエンシス	Euphorbia hopetownensis	P148	トウダイグサ科	冬
ユーフォルビア ホフスタエッテリ	Euphorbia hofstaetteri		トウダイグサ科	夏
ユーフォルビア ポリゴナ	Euphorbia polygona		トウダイグサ科	夏
ユーフォルビア ホリダ	Euphorbia horrida	P147	トウダイグサ科	夏
ユーフォルビア ホルウーディ	Euphorbia horwoodii		トウダイグサ科	夏
ユーフォルビア マハファレンシス	Euphorbia mahafalensis		トウダイグサ科	夏
ユーフォルビア マハボボケンシス	Euphorbia mahabobokensis		トウダイグサ科	夏
ユーフォルビア マミラリス	Euphorbia mammillaris	P145	トウダイグサ科	夏冬
ユーフォルビア マリタエ	Euphorbia maritae		トウダイグサ科	夏
ユーフォルビア マルサビテンシス	Euphorbia marsabitensis	P148	トウダイグサ科	夏
ユーフォルビア ミディ(花キリン)	Euphorbia milii	P14	トウダイグサ科	夏
ユーフォルビア ミトリフォルミス	Euphorbia mitriformis		トウダイグサ科	夏
ユーフォルビア ミロッティ	Euphorbia millotii		トウダイグサ科	夏
ユーフォルビア ムクジエンシス	Euphorbia mkuziensis		トウダイグサ科	夏
ユーフォルビア ムルチクラバ	Euphorbia multiclava		トウダイグサ科	夏
ユーフォルビア ムルチセプス	Euphorbia multiceps	P152	トウダイグサ科	春秋
ユーフォルビア ムルチフォリア	Euphorbia multifolia		トウダイグサ科	春秋
ユーフォルビア ムルチラモサ	Euphorbia multiramosa	P145	トウダイグサ科	秋春
ユーフォルビア メラノヒドラタ	Euphorbia melanohydrata	P145	トウダイグサ科	春秋
ユーフォルビア モラティー	Euphorbia moratii		トウダイグサ科	夏
ユーフォルビア ヤンセンビレンシス	Euphorbia jansenvillensis		トウダイグサ科	夏
ユーフォルビア ユニスピナ	Euphorbia unispina		トウダイグサ科	夏
ユーフォルビア ラコトザフィー	Euphorbia cremersii rakotozafyi		トウダイグサ科	夏
ユーフォルビア ラザフィンドラトシラエ	Euphorbia razafindratsirae	P150	トウダイグサ科	夏
ユーフォルビア ラバティ	Euphorbia labatii	P149	トウダイグサ科	夏

ユーフォルビア ラパティー レッドリーフ	Euphorbia labatii f. 'Red Leaf'		トウダイグサ科	夏
ユーフォルビア ラミグランス	Euphorbia ramiglans		トウダイグサ科	春秋
ユーフォルビア ラメナ	Euphorbia ramena	P149	トウダイグサ科	夏
ユーフォルビア ワリンギアエ	Euphorbia waringiae		トウダイグサ科	夏
ユーリキニア カスタネア スピラリス	Eulychnia castanea f. 'spiralis'		サボテン科	夏
ユーロフィア ペテルシィー	Eulophia petersii		ラン科	夏
雪波	Faucaria candida	P142	ハマミズナ科	春秋
ユタエンシス(アガベ)	Agave uthaensis		リュウゼツラン科	春秋
ユッカ エンドリッキアナ	Yucca endlichiana		リュウゼツラン科	夏
夢殿(ゆめどの)	Crassula pachyphylla		ベンケイソウ科	春秋
妖鬼殿	Tephrocactus molinensis		サボテン科	夏
嫁入り娘	Cotyledon orbiculata cv Yomeiri-Musume		ベンケイソウ科	春秋

ラ

雷頭玉	Eriosyce occulta		サボテン科	春秋
ラウィー(エケベリア)	Echeveria lauii		ベンケイソウ科	夏秋
ラウヒア ペルビアナ	Rauhia peruviana		ヒガンバナ科	夏
ラウリンゼ	Echeveria 'Laulindsa'		ベンケイソウ科	春秋
ラケナリア ステイネリ	Lachenalia stayneri	P75	ユリ科	秋春
ラフィオナクメ アンゴレンシス	Raphionacme angolensis	P153	ガガイモ科	夏
ラフィオナクメ グロボーサ	Raphionacme globosa		ガガイモ科	夏
ラフィオナクメ ゼイヘリ	Raphionacme zeyheri		ガガイモ科	夏
ラフィオナクメ ヒルスタ	Raphionacme hirsuta		ガガイモ科	夏
ラフィオナクメ ブルケイ	Raphionacme burkei	P153	ガガイモ科	夏
ラフィオナクメ マディエンシス	Raphionacme madiensis		ガガイモ科	夏
ラブラニア ハーグネラエ	Lavrania haagnerae		ガガイモ科	夏
ラブラノス錦	Sansevieria sp. lavranos 23251 variegate		リュウゼツラン科	夏
ラペイロウシア シレノイデス	Lapeirousia silenoides	P11	アヤメ科	春夏秋
螺髪竜(ユーフォルビア ヒポガエア)	Euphorbia hypogaea		トウダイグサ科	夏
ラメリー	Pachypodium lamerei	P18	キョウチクトウ科	夏
ラモシッシマ(アロエ)	Aloe ramosissima		ツルボラン科	春秋
ラリレアキア シミリス	Larryleachia similis		ガガイモ科	夏
ラリレアキア ピクタ	Larryleachia picta		ガガイモ科	夏
リーア アマビリス	Leea amabilis		ブドウ科	春夏秋
リシアンテス モジニアナ	Lycianthes moziniana		ナス科	春夏秋
リチドカウロン マクロロブム	Rhytidocaulon macrolobum		ガガイモ科	夏
リトープス エンバーズ	Lithops bromfieldii 'Ember's'	P138	ハマミズナ科	秋春
リトープス オリバセア	Lithops olivacea olivacea		ハマミズナ科	秋春
リトープス サリコラ C-351A	Lithops salicola C-351A	P138	ハマミズナ科	秋春
リトープス ベティズ ベリル	Lithops aucampiae 'Betty's Beryl'	P138	ハマミズナ科	秋春
竜骨城	Sarcocaulon herrei		フウロソウ科	秋春
竜骨扇(サルコカウロン バンデリエティアエ)	Sarcocaulon vanderietiae		フウロソウ科	秋春
綾耀玉(りょうようぎょく)	Dinteranthus vanzylii	P142	ハマミズナ科	秋春
緑塔(クラッスラ ピラミダリス)	Crassula pyramidalis		ベンケイソウ科	秋春
緑仏塔(ユーフォルビア ツベルクラータ)	Euphorbia tuberculata		トウダイグサ科	夏
リンドレイ 登天楽	Aeonium lindleyi		ベンケイソウ科	春秋
鱗宝(ユーフォルビア マミラリス)	Euphorbia mammillaris		トウダイグサ科	夏
ルーテンベルギアヌム	Pachypodium rutenbergianum	P18	キョウチクトウ科	夏
ルノーディーン(エケベリア)	Echeveria 'Lenore Dean' f. variegata		ベンケイソウ科	春秋
瑠璃兜錦	Astrophytum asterias 'Rurikabuto Nishiki'	P41	サボテン科	夏
瑠璃晃(ユーフォルビア スザンナエ)	Euphorbia susannae		トウダイグサ科	夏
瑠璃晃錦(ユーフォルビア スザンナエ)	Euphorbia susannae f. variegata		トウダイグサ科	夏
麗虹玉(れいこうぎょく)	Lithops dorotheae	P138	ハマミズナ科	秋春
麗春玉	Lithops leslici	P140	ハマミズナ科	秋春
麗人(クラッスラ コルムナリス)	Crassula columnaris		ベンケイソウ科	春秋
レウコキサンツム	Pachypodium brevicaule ssp. leucoxanthum	P18	キョウチクトウ科	夏
レカノプテリス ロマリオイデス	Lecanopteris lomarioides		ウラボシ科	夏
麗鐘閣	Tavaresia grandiflora		ガガイモ科	夏
レスノバ メガフィラ	Resnova megaphylla		ヒヤシンス科	夏
レスリー(パキベリア)	Pachyveria 'Lesliei'		ベンケイソウ科	春秋
レッドベリー(セダム)	Sedum rubrotinctum 'Red Berry'		ベンケイソウ科	春秋
レッドボール(アドロミスクス ヘレー)	Adromischus marianiae herrei 'Redball'		ベンケイソウ科	夏
レデボウリア ソシアリス パウシフォリア	Ledebouria socialis 'Paucifolia'		クサスギカズラ科	夏
レピドザミア ペロフスキアーナ(ホソバウロコザミア)	Lepidozamia peroffskyana	P94	ソテツ科	夏
レブチア クラインジアーナ ヌーダム	Rebutia krainziana nudum		サボテン科	春秋
レボリューション	Echeveria 'Revolution'		ベンケイソウ科	春秋
レモータ(クラッスラ)	Crassula remota		ベンケイソウ科	春秋
ローラ(エケベリア)	Echeveria 'Lola'		ベンケイソウ科	春秋
ロゴロゴ(コミフォラ)	Commiphora logologo		カンラン科	春秋
ロスラーツム	Pachypodium rosulatum ssp. rosulatum	P18	キョウチクトウ科	夏
ロスラーツム エニグマチクム	Pachypodium rosulatum enigmaticum	P18	キョウチクトウ科	夏
ロスラリア アトミー	Rosularia 'Atomy'		ベンケイソウ科	秋春
ロスラリア プラティフィラ	Rosularia platyphylla		ベンケイソウ科	秋春
ロックウッディー(ハオルチア)	Haworthia lockwoodii		ツルボラン科	秋春
ロビン(エケベリア)	Echeveria 'Robin'		ベンケイソウ科	春秋
ロフォルフォラ ウィリアムシー デシピエンス	Lophophora williamsii decipiens		サボテン科	夏
ロンギシマ(エケベリア)	Echeveria longissima		ベンケイソウ科	春秋

ワ

若緑(わかみどり)	Crassula lycopodioides var. pseudolycopodioides		ベンケイソウ科	春秋

編集協力
isla del pescado
http://isladelpescado.com
世界51カ国を巡り、各地のサボテン・多肉植物に触れる。国内では、多肉植物＆コーデックスの栽培情報が乏しかったころから、サイトに自身の所有する品種や栽培情報を公開し塊根ファンの手引書になっていることは、広く知られている。

写真協力
GreenSnap
https://greensnap.jp
植物好きの写真投稿サイトで日々3000枚以上、累計200万枚以上の画像が投稿されている人気サイト。「多肉、塊根フォトコンテスト」を開催し、愛好家の栽培写真を募集。本書にも多数掲載。

スタッフ
企画制作　株式会社レジア
アートディレクション　石倉ヒロユキ
写真　木村武司、石倉ヒロユキ、isla del pescado、
　　　小久保かずひろ、GreenSnap
イラスト　竹内通雅
テキスト　isla del pescado、石倉ヒロユキ、藤屋翔子
デザイン　若月恭子、上條未来、安藤寿々、野村友美
校正　大塚美紀（聚珍社）
編集担当　平井麻理（主婦の友社）

取材協力
赤松宏樹
anmani
石丸プランツナーセリー／石井俊樹
小澤博幸
小野寺瑞穂
北爪健太
小林 浩（I.S.I.J）
グランカクタス／佐藤 勉
小久保かずひろ
佐々木隆斗
佐藤正樹
サボテンオークション日本／栗原東五
多田多恵子
BORDER BREAK!!
前川英之
DN＆SW／野本栄一

多肉植物＆コーデックス
GuideBook

2019年 2月20日　第1刷発行
2025年 5月20日　第13刷発行

編　者　主婦の友社
発行者　大宮敏靖
発行所　株式会社主婦の友社
　　　　〒141-0021 東京都品川区上大崎3-1-1 目黒セントラルスクエア
　　　　電話：03-5280-7537（内容・不良品等のお問い合わせ）
　　　　　　　049-259-1236（販売）
印刷所　大日本印刷株式会社

■ 本のご注文は、お近くの書店または主婦の友社コールセンター（電話0120-916-892）まで。
＊ お問い合わせ受付時間　月～金（祝日を除く）10:00～16:00
＊ 個人のお客さまからのよくある質問のご案内　https://shufunotomo.co.jp/faq/

© Shufunotomo Co., Ltd. 2019　Printed in Japan
ISBN978-4-07-434371-3

R本書を無断で複写複製（電子化を含む）することは、著作権法上の例外を除き、禁じられています。本書をコピーされる場合は、事前に公益社団法人日本複製権センター（JRRC）の許諾を受けてください。
また本書を代行業者等の第三者に依頼してスキャンやデジタル化することは、たとえ個人や家庭内での利用であっても一切認められておりません。
JRRC〈https://jrrc.or.jp　eメール：jrrc_info@jrrc.or.jp　電話：03-6809-1281〉